Vera Griebert-Schröder
Franziska Muri

MEINE ALLERSCHÖNSTEN RAUHNÄCHTE

Das persönliche Tagebuch
für die Zeit zwischen den Jahren

Mit Bildern von Christina v. Puttkamer

INHALT

Neue Kraft und Inspiration												4

Der Zauber der Rauhnächte										7
Das Wunderbare einladen											13
Das Rauhnächte-Krafttierorakel								25

Die erste Rauhnacht												33
Die zweite Rauhnacht											43
Die dritte Rauhnacht												53
Die vierte Rauhnacht											63
Die fünfte Rauhnacht											73
Die sechste Rauhnacht										83
Die siebte Rauhnacht											93
Die achte Rauhnacht											105
Die neunte Rauhnacht										115
Die zehnte Rauhnacht										125
Die elfte Rauhnacht												135
Die zwölfte Rauhnacht										145

Der 6. Januar – und der Start ins neue Jahr			155

Am 21. Dezember 2016 trafen wir uns mit einigen Freunden und Wegbegleitern an der Isar für ein Feuerritual zur Wintersonnwende. Es war eine sternenklare Nacht, der Fluss murmelte leise, ein Käuzchen rief und wir standen um das Feuer, das wir aus allen vier Himmelsrichtungen gleichzeitig entzündet hatten, um auch sie zu ehren. Wir hatten uns versammelt, um uns gemeinsam mit den Kräften der Natur und des Kosmos zu verbinden. In unseren Herzen spürten wir den Wunsch, dass die Menschen in dieser dunklen Zeit näher zusammenrücken würden, dass sie einander ebenso in Wertschätzung und Fürsorge begegnen wie der Natur und allem Leben auf dieser Erde. Mit diesem Impuls verbanden wir uns mit der Kraft des Feuers. Wir haben getrommelt und gesungen, gelacht und geschwiegen. Wir haben das Leben und die Menschlichkeit gefeiert.

Als wir uns am nächsten Tag die Fotos ansahen, die einige von diesem Abend gemacht hatten, war darauf etwas Erstaunliches zu sehen: Mitten in den Flammen zeigte sich ganz deutlich ein Herz. Es schien uns zu sagen, dass das Feuer unsere Wünsche vernommen hatte und uns bedeutete: »Als Vertreter der Natur und der Elemente bin ich mit euch, mit den Herzen von euch Menschen. Schön, dass ihr mit mir seid.«

NEUE KRAFT UND INSPIRATION – GESCHENKE EINER TRADITION

Die Rauhnächte als die dunkelste Zeit des Jahres sind für immer mehr Menschen zu einem Lichtblick geworden. Zu einer Atempause, einer Auszeit, einer Gelegenheit, in Ruhe auf die letzten Monate zurückzuschauen und Zuversicht und Kraft für das Kommende zu tanken.

Nachdem wir zwei Bücher und eine CD zu den Rauhnächten veröffentlicht hatten, dachten wir, dass damit eigentlich alles zu den alten Bräuchen und ihrer Adaption an unsere heutige Zeit gesagt worden sei. Doch immer wieder erhielten wir so einige Fragen von unseren Leserinnen und Lesern. Vor allem merkten wir, dass sie sich noch mehr Begleitung durch diese zwölf besonderen Tage und Nächte wünschten. Wir spürten deutlich so ein Bedürfnis nach Anregungen, was sich in dieser Zeit des Reflektierens, Besinnens und entspannten Nach-vorn-Schauens tun lässt – bei gleichzeitigem Freiraum für eigene Ideen und Wünsche, Gedanken und Träume.

Ein Tagebuch der ganz besonderen Art

Genau diesem Bedürfnis kommen wir nun mit diesem Buch nach. Es möchte dir ein aktiver Begleiter sein. Wir leben ja in einer Zeit großer Umbrüche, und vielleicht geht es dir auch so, dass du oft nicht so recht weißt, wohin es weitergehen könnte. Mit den Angeboten in diesem Buch möchten wir dir helfen, zu tragfähigen Ideen für dein kommendes Jahr zu finden und vielleicht sogar zu deiner Vision vom wirklich guten Leben.

Du findest hier eine Tag-für-Tag-Begleitung durch die Zeit »zwischen den Jahren« – mit vielen Impulsen, Ideen und Anregungen. Wir wollen dich inspirieren, das zu Ende gehende Jahr mit all seinen Höhen und Tiefen voller Wertschätzung abzuschließen. Dann kannst du die Rauhnächte selbst dafür nutzen, nicht nur Kraft zu tanken und Mußemomente zu genießen, sondern auch schon in das hinein zu fühlen oder zu denken, was du im kommenden Jahr erleben, erreichen, verändern oder vertiefen möchtest. Dafür kannst du insbesondere die vielen Seiten nutzen, die dir Platz für eigene Gedanken, Empfindungen und Erfahrungen lassen – wie in einem Tagebuch. All das führt dich spielerisch und genussvoll durch diese »Zeit außerhalb der Zeit« und lässt sie wie nebenbei fruchtbar und kreativ werden.

Dafür sorgt auch die außergewöhnlich schöne Gestaltung dieses Buches, die wir der Künstlerin und Grafikerin Christina von Puttkamer verdanken. Ihre kraftvollen Collagen haben uns so sehr begeistert, dass wir sie direkt in die Rauhnächte-Rituale einbezogen haben (ab Seite 32). Außerdem hat sie speziell für dieses Buch ein Orakel gestaltet: Zwölf Krafttiere können damit zu deinen Begleitern während dieser zwölf Tage und Nächte werden.

Wertvoll für das ganze Jahr

Wenn du die Angebote dieses Buches für dich nutzt, wird durch die zwölf Rauhnächte hindurch ein kleiner Schatz an persönlichen Impulsen entstehen, der dich das ganze Jahr über begleiten, stärken und inspirieren kann. Da jede Rauhnacht einem Monat des kommenden Jahres entspricht, können dich deine Aufzeichnungen und auch das Krafttier aus dem Orakel das gesamte Jahr über unterstützen. Immer neu kannst du dich so mit der Ruhe und der Lebendigkeit, der Muße und der Inspiration der Rauhnächte verbinden und aus diesem Pool Energie für dein Familienleben, deinen Beruf, deine kleinen und großen Projekte schöpfen. Wir hoffen, dass wir dich mit diesem Buch neu für deinen Lebensweg begeistern und dabei unterstützen können, dass sich deine Herzenswünsche erfüllen.

Alles Liebe und allerschönste Rauhnächte!

Vera & Franziska

DER ZAUBER DER RAUHNÄCHTE

Die meisten frühen Kulturen der Welt haben sich in ihrer Zeitmessung am Mond orientiert. Seine unterschiedlichen Phasen – von Neumond bis Vollmond und wieder zu Neumond – waren sehr leicht zu erkennen und einprägsam regelmäßig. So leitete man daraus die ersten Kalender ab. Irgendwann aber wurde diese Orientierung am weiblich Mondigen vom zentralen Blick auf die Sonne als dem männlichen Prinzip abgelöst. Der Sonnenlauf wurde zum Maß der Zeit. Legte man in der Übergangszeit jedoch beide Kalender übereinander, ging es nicht ganz auf: Das Sonnenjahr ist länger als das Mondjahr, ungefähr ein halber Mondzyklus blieb übrig. Um mit beiden Systemen sinnvoll umgehen zu können, hing man diese überzähligen Tage daher als eine »Zeit außerhalb der Zeit« an die Mondmonate an: als die Rauhnächte, die vor allem im Alpenraum, aber auch in anderen europäischen Ländern seit Langem mit vielen Bräuchen durchlebt werden.

Diese zwölf besonderen Tage und Nächte liegen in der Weihnachtszeit. Die einzelnen Traditionen zählen diese Tage jeweils etwas anders. Doch meist beginnen die Rauhnächte Punkt Mitternacht, wenn der Heilige Abend endet. Der 25. Dezember entspricht dann der ersten Rauhnacht, der 26. Dezember der zweiten und so weiter. Mit der zwölften Rauhnacht am 5. Januar enden sie um Mitternacht, wenn der Tag der Heiligen Drei Könige beginnt.

Mondig, mystisch, ganz besonders

Es ist wirklich eine außergewöhnliche Zeit. Der nur wenige Tage zurückliegende 21. Dezember als Tag der Wintersonnwende hat die Neugeburt des Lichts gefeiert. Seither werden die Tage wieder länger. Doch zu spüren ist davon noch nichts. Es ist überwiegend dunkel und gern auch grimmig kalt. Die Natur ist still. Totenstill, möchte man meinen. Denn was diese Zeit aus der Sicht der Überlieferung so einzigartig macht: Die Tore zur Anderswelt stehen während der Rauhnächte weit offen und so fegen allerlei Geister über die Erde, erschrecken die Menschen und treiben ihr Unwesen. Doch auch gute Geister kann man jetzt vermehrt antreffen und um Rat und Unterstützung bitten. Deswegen gilt diese Zeit auch als besonders gut geeignet für Weissagungen und Orakel: Seit alters her versuchten die Menschen jetzt, einen Blick auf die Zukunft zu erhaschen.

Es ist dieses Geheimnisvolle, Mystische, eben Mondige dieser Zeit, was uns bis heute fasziniert. Immer mehr Menschen wollen auf neue Weise an die alten Traditionen anknüpfen. Manche interessieren sich dabei für das Volks-brauchtum, die gruseligen Perchten (Seite 147) und ihre Tänze und die vielen alten Regeln, die mit den Rauhnächten verknüpft wurden. Wir werden auch darüber in diesem Buch ein bisschen was erzählen.

Andere wollen den Zauber dieser Zeit auf eine modernere Art ergründen. Sie nutzen diese zwölf Tage und Nächte, um sich ein wenig aus dem Alltagsgeschehen herauszuziehen und nach innen und in die Anderswelt hinein zu lauschen. Sie wollen reflektieren, wo sie im Leben stehen und was sie im kommenden Jahr anpacken und umsetzen möchten.

Alt – und doch modern

Unser Buch bietet dir viele Anregungen für Stille- und Mußezeiten, zugleich auch spielerisch leichte Angebote zur Reflexion und vielfältige Inspirationen für Neues. Die Rauhnächte sind wie eine Atempause, ein »Dazwischen«, ein Moment der Stille, die Spannung vor dem unweigerlichen Start ins Neue. Wir spüren den Raum für das Kommende. Wir machen uns Gedanken, was es werden soll, wie es aussehen könnte, wie wir es gestalten wollen. Wir spinnen und träumen, wir planen und erspüren.

Genau dafür ist die Zeit »zwischen den Jahren« einfach perfekt. Zwölf intensive Monate enden, die nächsten warten bereits vor der Tür. Doch es gibt diese kleine Pause zum Luftholen. Die meisten haben Urlaub, manche Firmen schließen in dieser Zeit ganz. Wir geben einfach etwas Ruhe. Tauchen weg aus der Rund-um-die-Uhr-24/7-Welt. Wir genießen, relaxen – und wir reflektieren. Wir schauen uns an, wo wir gerade im Leben stehen, was uns das zu Ende gehende Jahr gebracht hat, was gut war, was wir nicht mochten, was wir aus all dem machen, was wir verändern wollen. Mit Jahresbeginn wollen wir den Zauber des Anfangs nutzen und in den Genuss seiner Kraft kommen,

mit der wir doch vielleicht wirklich Dinge nach unseren Wünschen wandeln können. Dieses Buch will dich dabei unterstützen, genau diese Chance bestmöglich zu nutzen: die Chance auf eine genussvoll ruhige Zeit, in der du wie nebenbei die Weichen für das Neue stellst.

Mach es zu deinem persönlichen Buch

Wir Autorinnen und Christina, unsere Bild-Künstlerin, hatten sehr viel Freude beim Erarbeiten dieses Buches. Wir hoffen sehr, dass es den Sinn erfüllt, den wir ihm geben wollten: Wir hoffen, dass du ebenso viel Freude dabei hast, dieses Buch anzunehmen und zu deinem eigenen Buch zu machen. Es ist ein Gemeinschaftswerk – wir alle sind ein Team. Unsere Arbeit war die Vorbereitung. Jetzt kommt das Wesentliche: Und das bist du.

Indem du dieses Buch nutzt, indem du es für dich und deine Reflexionen in Gebrauch nimmst, entsteht etwas Ureigenes, etwas ganz Privates und sehr Persönliches. Es entsteht dein Begleiter durch die Rauhnächte und darüber hinaus für das gesamte neue Jahr. Du liest, was wir geschrieben haben, und nimmst das, was dich anspricht, mit in dein Leben. Viele der folgenden Seiten bieten dir unterschiedliche Reflexionsangebote, die du gleich im Buch für dich nutzen kannst. Dann füllst du diese Seiten mit deinen Gedanken und Empfindungen, mit deinen persönlichen Worten und Ideen.

Bitte trau dich wirklich, in dieses Buch hineinzuschreiben. Wir wissen, dass das schwierig sein kann, die Achtung vor dem bereits so Schönen hindert uns manchmal daran. Auch wir gehen mit unseren Büchern pfleglich um. Aber dieses Buch hier ist anders, es möchte persönlich und individuell werden. Es ist ein Begleiter, der zum Leben erweckt werden will – mit deinen Worten, Wünschen, Gedanken und vielleicht auch kleinen Zeichnungen oder Symbolen. Du bist daher herzlich eingeladen, zur Gestalterin, zum Gestalter deines eigenen Buches zu werden. Mach es zum persönlichen Tagebuch deiner allerschönsten Rauhnächte.

Jede Rauhnacht hat in diesem Buch ein eigenes Kapitel. Du erfährst darin einiges über die Bräuche und ihre Lebendigkeit heute. Außerdem findest du jeweils ein paar Reflexionsmöglichkeiten. Zentral sind dabei zwölf Meditationsbilder. Ebenso kunstvoll wie fantasievoll gestaltet von Christina von Puttkamer wollen dir diese Bilder als Inspiration für jeweils eine Rauhnacht dienen. Dafür, nach innen zu schauen und die Magie des Bildes mit deiner Person und deiner aktuellen Lebenssituation in Beziehung zu bringen. Ob du dazu frei assoziierst oder einfach die jeweils vorgeschlagenen Fragen in dir bewegst – du kannst dir Tag für Tag klarer darüber werden, was dir wirklich wichtig ist und was du stärker in dein Leben bringen willst. Bleib neugierig, was dir dabei in den Sinn kommt, vielleicht bringen dich diese Momente auf Ideen, an die du so im Allgemeinen nicht gedacht hättest. Die weiteren Reflexionen und ein tägliches kleines Ritual schaffen noch mehr Raum für das, was dir am Herzen liegt.

Von der inneren Reise zur äußeren

Auf diese Weise bereitest du ganz leise und fast unmerklich das neue Jahr vor, und zwar so, dass es alle Chancen hat, zu einem wirklich kraftvollen und erfüllten Jahr zu werden. Was mit diesem Buch dabei über die Zeit entsteht, ist ein sehr persönlicher Anker für alles, was dich trägt und nährt. Für das, was dir bedeutsam ist. Mit deinen Notizen hier kannst du dir eine tragfähige Basis für das Kommende schaffen, auf die du das ganze Jahr über immer wieder zugreifen kannst.

Alles, was sich während der Rauhnächte in dir bewegt, wandelt und weiterentwickelt, wird in den folgenden Monaten seinen Niederschlag in deinem Leben finden. So ist die Reise, die wir dir mit diesem Buch anbieten, ein Weg nach innen und gleichzeitig einer nach außen. Denn die Impulse, die du erhältst, werden dich Schritt für Schritt auf deinem Weg weiterführen. Und wenn du im kommenden Jahr zurückblickst und deine Eintragungen, Impulse und Gedanken liest, wirst du erstaunt sein, worüber du in dieser besonderen Zeit schon alles nachgedacht und was du empfunden oder gar vorausgeahnt hast.

Für uns sind die Rauhnächte über die Jahre immer mehr zu etwas geworden, um das wir nicht nur wissen, sondern das wir durchleben, zelebrieren und aktiv gestalten. Hast du Lust, das ebenso zu tun und sie wirklich zu leben? Dann bist du herzlich eingeladen, diese Zeit auf den folgenden Seiten auf deine individuelle Weise vorzubereiten – und dann einfach zu genießen.

DAS WUNDERBARE EINLADEN

Die Rauhnächte bieten uns so viel: besinnliche und genussvolle Stunden im Kreise unserer Lieben; Ruhe und Muße; die Gelegenheit, nach innen zu schauen und über unser Leben zu reflektieren; alte Bräuche, die uns mit dem Wissen unserer Vorfahren in Verbindung bringen; die große Nähe der geistigen Welt, die wir jetzt besonders gut zu allem, was uns wichtig ist, befragen können. All das schenkt uns diese Zeit, wenn wir uns offen und freudig auf sie einlassen. Und nicht zuletzt die Chance, die Weichen für das kommende Jahr so zu stellen, wie wir es uns im tiefsten Herzen wünschen.

Das Neue erspüren

Es ist eine Besonderheit der Rauhnächte, dass jede von ihnen einem Monat des kommenden Jahres entspricht. Die erste Rauhnacht dem Januar, die zweite dem Februar, die dritte dem März und so weiter. In der Tradition geht man davon aus, dass sich das Wetter während dieser Tage so zeigt, wie es dann im entsprechenden Monat auch sein wird: windig oder ruhig, kalt oder mild, sonnig oder grau. Und auch die Ereignisse, die in der Zeit »zwischen den Jahren« passieren, können schon etwas für das neue Jahr aussagen.

Früher waren es Weise und Seher, die sich mit den Fragen der Zukunft und der Vision befassten. Vor allem in solchen magischen »Zwischenzeiten« wie den Rauhnächten hatten sie ihre große Zeit. Nicht von ungefähr ist es ja auch die Hoch-Zeit der Orakel, mit denen wir zu erfahren versuchen, was kommen wird. Das Besondere: Wir alle können zu bestimmten Themen in diesen außergewöhnlichen Tagen und Nächten schon einmal »vorarbeiten«, um es im kommenden Jahr leichter damit zu haben. Da uns jetzt die Geister besonders gern zur Seite stehen, ist es umso einfacher. Letztlich geht es nur darum, sich mit den anstehenden Themen, Wünschen und Vorhaben schon ein bisschen zu befassen und sie ein wenig in sich zu bewegen. Alle Angebote dieses Buches wollen dich genau dazu anregen.

Es ist heute gar nicht so leicht zu wissen, was man möchte. Zum einen haben wir unendlich viele Möglichkeiten, zum anderen erleben wir derzeit einen so großen und umfassenden Wandel, dass es schwer ist, sich auf etwas zu stützen und zu verlassen. Das geht uns sicher allen so. Gerade solche Zeiten rufen uns auf, das Beste in uns wachzuküssen und ins Leben einzubringen.

Wir dürfen darauf vertrauen, dass uns der »Geist der Rauhnächte« selbst bei unseren Anliegen unterstützt. Auch wenn du momentan nicht recht weißt, was du entwickeln, wohin du gehen, was du in Ruhe ausbrüten oder kraftvoll anpacken und in die Welt bringen willst – lass dir Zeit. Genieße den Zauber der Rauhnächte und spüre, welche Stimmen in dir rufen, wenn du zur Ruhe kommst. Mit all den Angeboten im Buch wird sich dir immer mehr zeigen, worum es für dich geht. Es ist – wohl für die meisten von uns heute – ein achtsames, langsames Hineintasten ins Neue.

Was willst du ins Leben bringen?

Vielleicht locken dich bereits bestimmte Vorhaben und du weißt, auf welchen Lebensfeldern du im neuen Jahr besonders intensiv pflügen, anpflanzen, düngen möchtest. Das während der Rauhnächte im Hinterkopf zu behalten oder sogar aktiv in dir zu bewegen, kann sehr fruchtbar sein. Es können die unterschiedlichsten Themen sein, um die es dir geht. Vielleicht möchtest du dein Familienleben wieder intensiver und genussvoller leben oder du suchst Ideen, deiner Partnerschaft neuen Schwung zu verleihen. Oder du möchtest dich im Beruf weiterentwickeln. Oder wieder stärker zur Natur finden oder auch zu dir selbst. Möglicherweise willst du deinen Lebensrhythmus so umgestalten, sodass er dir richtig guttut. Viele Menschen heute suchen auch nach dem, was ihr Beitrag für eine lebenswerte Zukunft für uns alle sein könnte.

Lass dir Zeit. Nimm dir die folgende Liste in Mußemomenten immer mal wieder hervor und ergänze sie. So kann sie langsam reifen und umso ehrlicher das zeigen, worum es dir im Herzen wirklich geht.

MEIN KOMMENDES JAHR

Was möchtest du in den kommenden zwölf Monaten leben, genießen, vertiefen, gestalten, erträumen, entwickeln? Spür deiner Sehnsucht nach. Sie zeigt dir, was dir wirklich wichtig ist.

....

....

....

....

....

....

....

....

....

....

DIE RAUHNÄCHTE

1. Rauhnacht	25. Dezember	Januar
2. Rauhnacht	26. Dezember	Februar
3. Rauhnacht	27. Dezember	März
4. Rauhnacht	28. Dezember	April
5. Rauhnacht	29. Dezember	Mai
6. Rauhnacht	30. Dezember	Juni
7. Rauhnacht	31. Dezember	Juli
8. Rauhnacht	1. Januar	August
9. Rauhnacht	2. Januar	September
10. Rauhnacht	3. Januar	Oktober
11. Rauhnacht	4. Januar	November
12. Rauhnacht	5. Januar	Dezember

DIE RAUHNÄCHTE GESTALTEN

»Zwischen den Jahren«, das ist auch eine Zeit der Rituale. Sie nämlich bringen uns ganz zu uns selbst, zentrieren uns und öffnen uns für die feineren Schwingungen in uns und um uns herum. Sie schaffen einen Raum, in dem etwas Höheres mitschwingt, das uns stärken, inspirieren, ja, beflügeln kann. Rituale können unsere Welt verändern. Tatsächlich schaffen sie ein Wirkfeld, in dem unser Verstand, unser Herz und unser körperliches Handeln zusammen mit der geistigen Welt das anstoßen oder verstärken können, was uns wichtig ist. Die Rituale geben uns einen Fokus, mit dem wir unsere Rauhnächte gestalten. Auch die Intuition ist dabei eingeladen.

Rituale wirken, wenn sie getan und erlebt werden. Und so laden wir dich in diesem Buch zu einem kleinen täglichen Ritual ein. Es ist sehr einfach und dauert nur wenige Minuten. An jedem Rauhnachtabend zündest du eine Kerze mehr an und wir geben dir eine neue Idee, damit in die Stille zu gehen oder die Intuition wachzurufen. Außerdem kannst du eine Orakelkarte ziehen (ab Seite 25), einen von 13 Wünschen verbrennen (ab Seite 18), die Reflexionen auf dich wirken lassen und spezielle Listen ausfüllen. Vielleicht willst du auch einfach in die Stille der Natur hineinlauschen, ob sie dir etwas sagen möchte. Gestalte dir diese Zeit nach deinen Wünschen und Möglichkeiten. Ganz spontan – oder in einer festgesetzten halben Stunde an jedem Abend, die du ganz für dich reservierst.

Wie auch immer du es für dich einrichtest: Es wird ganz sicher eine besondere Zeit. Es entsteht etwas, von dem du bis weit ins kommende Jahr hinein zehren kannst. Und dies auch ganz konkret: Wenn du dir auf Seite 15 ein oder mehrere Vorhaben für das neue Jahr notiert hast, kannst du diese Dinge wunderbar in die Rauhnächte einbeziehen. Behalte sie einfach immer so ein bisschen im Sinn, wenn du die Reflexionen nutzt oder die Meditationsbilder auf dich wirken lässt. Vielleicht bewegst du sie auch in dir, wenn du spazieren gehst. Oder du achtest darauf, ob dir deine nächtlichen Träume oder deine Krafttier-Begleiter etwas dazu sagen wollen. So bereitet sich das Neue leise und kraftvoll in dir vor.

DAS RITUAL DER 13 WÜNSCHE

Es darf einfach nicht fehlen, auch wenn es der Großteil unserer Leserinnen und Leser bereits kennt. Das Ritual der 13 Wünsche ist mittlerweile sehr beliebt. Und es ist ganz einfach: Du zerschneidest ein Blatt Papier in 13 etwa gleich große Streifen und schreibst auf jeden einen Wunsch für das kommende Jahr. Notiere, was dir wirklich wichtig ist, was du erlangen möchtest, was du erträumst. Es können auch Wünsche für die Erde sein, für die Natur, für eine spezielle Tierart, für die Menschheit, für bestimmte Regionen. Du faltest diese Zettel und gibst sie in ein Säckchen oder eine Schachtel.

In den Rauhnächten nun ziehst du jeden Abend einen Zettel. Du schaust nicht nach, was darauf steht, sondern lässt ihn gefaltet. Du wendest dich an die geistige Welt, bittest darum, dass der Wunsch erfüllt wird – und verbrennst den Zettel. Das geht in einer kleinen feuerfesten Schale in der Natur, auf dem Balkon oder zur Not auch am Fenster. Während das Papier in Rauch aufgeht, steigt dein Wunsch in die geistigen Sphären auf, wo man sich bestmöglich um ihn kümmern wird. Die Asche kannst du in die Erde oder in einen Blumentopf geben.

Nach zwölf Rauhnächten wird ein einziger Zettel übrig bleiben. Den kannst du am 6. Januar feierlich entfalten und lesen. Das ist der Wunsch, so sagt es dieses Ritual, um den du dich selbst kümmern sollst.

MEINE 13 WÜNSCHE

Wenn du nicht nur den 13., sondern alle Wünsche erinnern willst, kannst du sie zusätzlich zu deinen Zetteln hier notieren.

....

....

....

....

....

....

....

....

....

....

....

....

....

CHECKLISTE FÜR ALLERSCHÖNSTE RAUHNÄCHTE

Um den Angeboten in diesem Buch zu folgen, braucht es nicht viel. Wenn dir noch mehr einfällt, woran du denken willst: Auch dafür ist Platz.

- 13 Wünsche vorbereiten (Seite 18)
- 12 Kerzen für das kleine tägliche Ritual besorgen
- Ruhe- und Ritualplatz gestalten
- Orakelkarten vorbereiten (ab Seite 25)
- Was ist mir im nächsten Jahr wichtig? (Seite 15)
- Zeitliche Freiräume überlegen
  20 Min. abends für mich. Oder morgens?
- Möchte ich meine Rauhnächte-Erfahrungen mit jemandem teilen?
-
-

DAS ALTE ABSCHLIESSEN

Was eigentlich macht einen kraftvollen Neustart, wie ihn sich viele fürs neue Jahr wünschen, aus? Zwei Dinge gehen ihm voraus: zunächst ein Ende. Nur wo etwas Altes endet, kann etwas Neues beginnen. Wir verabschieden ganz bewusst etwas Gewesenes: das zu Ende gehende Jahr und mit ihm vielleicht auch bestimmte Angewohnheiten oder kleine Nachlässigkeiten, die wir nicht mehr weiterführen möchten. Dann atmen wir kurz durch, wir halten inne, bevor der Startschuss ins Neue fällt. Genau diese Zeit symbolisieren die Rauhnächte.

In der Tradition heißt es, dass Frau Holle Ordnung vorfinden wollte, wenn sie während der Rauhnächte durch die Lande zog und zu den Menschen in die Häuser kam. Das heißt nichts anderes als: Zum Jahresende sollte das Alte abgeschlossen werden, denn nur dann kann sich das Neue seinen Raum nehmen und sich wirkungsvoll entfalten. Viele von uns haben um die Wintersonnwende am 21. Dezember herum ganz von sich aus das Bedürfnis, äußerlich und innerlich noch mal klar Schiff zu machen. Dann starten wir nämlich ganz frei in die Weihnachtszeit und in die Rauhnächte, die ja am 25. Dezember Punkt null Uhr beginnen. Andere nutzen die erste Hälfte der Rauhnächte bis zur Silvesternacht zum Verabschieden des Alten. Dann gehen sie frei ins neue Jahr und haben die zweite Hälfte der Rauhnächte Zeit, das mögliche Neue zu erträumen oder schon konkreter zu planen.

Was könnte dieses Aufräumen auf der Ebene von Geist und Seele heißen? Wir bieten dir an, dich in einer ruhigen Minute einfach mit den folgenden Listen hinzusetzen und dir die Punkte aufzuschreiben, die dir dazu am Herzen liegen. Wenn du das in einer gemütlichen Mußestimmung tust, umso besser. Dann kommst du intensiv mit dir selbst ins Gespräch und findest in dir zu der Art von Bestandsaufnahme, die dieses Jahr noch möchte, um sich gut von dir verabschieden zu können.

MEIN ZU ENDE GEHENDES JAHR

Was hat dir das zu Ende gehende Jahr geschenkt? Vielleicht erinnerst du dich an Themen, die es in dir bewegt und weiterbewegt hat. Oder an Eindrücke, die es in dir hinterließ. Was war dir wichtig? Was war schön? Wofür bist du dankbar? Hier hast du Platz, es zu notieren. (Und wenn der Platz nicht reicht, weil du in Schwung gekommen bist: Nimm dir extra Blätter oder dein Tagebuch dazu.)

WAS WILL ICH LOSLASSEN?

Gibt es Dinge in deinem Leben, die du nicht mit ins neue Jahr nehmen willst? Vielleicht sind es Angewohnheiten – zu viel Zucker essen, die Mittagspause vergessen, dir in Geschäften automatisch Plastiktüten geben lassen ... Oder es gibt Menschen, die dir nicht guttun und die du im kommenden Jahr nicht mehr so häufig treffen möchtest. Überleg einmal, was du im alten Jahr zurücklassen und jetzt noch würdig verabschieden möchtest.

DAS RAUHNÄCHTE-KRAFTTIERORAKEL

Es ist die Zeit der Orakel, deswegen bieten wir dir hier auch ein kleines, aber sehr feines Orakel an. Eines, das dir kraftvolle Begleiter für jede Rauhnacht und für jeden Monat des kommenden Jahres an die Seite stellt: Krafttiere, die dich mit ihren besonderen Gaben unterstützen können. Bewusst haben wir uns dabei für einheimische Tiere entschieden. Sie kannst du draußen auf Spaziergängen oder Wanderungen tatsächlich in der Natur oder im Stadtpark antreffen. Damit kommst du ihnen noch näher.

Auf den folgenden Seiten findest du zwölf Tiere als Karten gestaltet. Du kannst dir diese Seiten kopieren (möglicherweise geht das besser im Copyshop), die Karten ausschneiden und auf eine Pappe oder ein festeres Papier kleben. Auf der Website des Verlages (Link siehe Seite 159 ganz unten) stehen sie auch zum Download bereit.

Wenn du dir ein Kartendeck hergestellt hast, kannst du nun jeden Tag eine Karte ziehen. Mach ein kleines Ritual daraus, indem du innehältst, mit ein paar tiefen Atemzügen zu dir kommst und beim Mischen der Karten fragst: »Welches Krafttier begleitet mich in dieser Rauhnacht und dem dazugehörigen Monat?« Dann ziehst du eine Karte. Entweder tust du das so lange, bis am letzten Tag nur noch eine Karte übrig ist. Oder du mischst die bereits gezogenen jeden Tag wieder ein – dann ziehst du wahrscheinlich ein paar Krafttiere mehrfach. Wenn dir das Herstellen der Karten zu aufwendig ist, könntest du auch einfach täglich durch die Seiten blättern, ohne hinzuschauen, und mit dem Finger auf ein Tier zeigen. Dies ist dann dein heutiger Begleiter. In jedem Fall: Spüre diese Wesen und erfahre ihre Gaben und ihre Botschaften an dich.

Auf den Seiten für die einzelnen Rauhnächte ab Seite 33 findest du jeweils ein Feld, wo du eintragen kannst, welches Krafttier an dem Tag zu dir gehört, sodass du den Überblick nicht verlierst. Jedes dieser Tiere hat so wertvolle Qualitäten, dass es ein Glück ist, dass wir uns von ihnen allen durch die Rauhnächte und durch das Jahr begleiten lassen können.

Eule
Die Eule schenkt dir die Gabe des Sehens. Mit ihr kannst du auch noch die feinsten Zeichen wahrnehmen. Wenn sie ihren Kopf in einem weiten Bogen dreht, entgeht ihr nicht das Kleinste. Das wenige Licht der Nacht reicht ihr, um Unsichtbares sichtbar werden zu lassen.

Fuchs
Der Fuchs zeigt sich nicht jedem. Schlau verbirgt er sich vor denen, die seine Gaben nicht zu schätzen wissen. Wenn er in dein Leben kommt, bist du offenbar bereit, wahre Unterscheidungskraft zu entwickeln und deine innere Stärke ans Licht zu bringen.

Schwan

Wenn er in dein Leben kommt, will er dich für die »anderen Welten« öffnen. Der Schwan, der einst ein »hässliches junges Entlein« war, kennt den tief greifenden Weg von Wachstum und Veränderung. Mit seinem weißen Federkleid steht er dabei auch für die Kraft der Transformation.

Hirsch

Wenn sich dir der Hirsch zeigt, ruft er dich auf, mutig deiner inneren Weisheit zu folgen. Mit seinem stolzen Geweih setzt er sich für das ein, was für ihn Bedeutung hat, und stellt sich den Hindernissen, die auf ihn zukommen.

Bussard
Wenn der Bussard am Himmel seine Kreise zieht, wollen dich seine Rufe an die Weite und die Freiheit erinnern. Er lädt dich ein, dich aufzuschwingen, dir einen Überblick zu verschaffen und die Dinge gelassen mit Abstand zu betrachten.

Reh
Wenn dich das Reh willkommen heißt, wende dich deiner Sanftheit und deiner Anmut zu. Erlaube dir, zart und grazil zu sein, verspielt und voll kindlicher Unschuld. Es ruft dich auf, staunend und mit lustvoller Neugier das Leben zu genießen.

Hase

Wenn der Hase in dein Leben tritt, schenkt er dir die Kraft der Vorsicht. Liebevoll und spielerisch lehrt er dich, alles zu wagen, was dir wichtig ist, und dabei immer zu wissen, dass du dich bei Gefahr blitzschnell in Sicherheit bringen kannst.

Maus

Wenn die Maus mit schnellen Schritten in dein Leben huscht, zeigt sie dir, dass sie zwar klein an Gestalt ist, aber ein großes Herz hat. Sie lehrt dich die Gabe des Teilens. Sie sammelt Vorräte und legt dabei Spuren, sodass auch alle anderen an ihren Schätzen teilhaben können.

Amsel
Morgens und abends singt die Amsel im Frühling ihre wunderschönen Melodien – in perfekter Harmonie. Sie lehrt dich die Ausgeglichenheit zwischen Lauschen und Singen, zwischen Zuhören und Sprechen. Und sie zeigt dir die Schönheit in der Einfachheit.

Wildschwein
Das Wildschwein gräbt und wühlt in Wald und Flur. Wenn es in dein Leben kommt, fordert es dich auf, in die Tiefe zu gehen und die Schätze zu heben, die dort auf dich warten. Gib dich nicht mit zu wenig zufrieden, suche nach dem, was dich wirklich erfüllt.

Rabe

Der kluge Rabe will dein Führer in andere Welten sein. Kundig leitet er dich an, zu alten Geheimnissen vorzudringen und zugleich Neuland zu entdecken. Nimm die Dinge dabei nicht zu ernst. Sei spielerisch. Schließlich ist der Rabe auch ein heiliger Narr.

Eichhörnchen

Wenn das Eichhörnchen flink in dein Leben hüpft, will es dir sagen: Schnell sein kannst du auch auf entspannte und freudige Weise. Du kannst vieles tun und schaffen und dabei in der Balance bleiben. So sorgst du gut für dich, wie es dir das Eichhörnchen mit seinen Wintervorräten zeigt.

ERSTE RAUHNACHT
25. DEZEMBER

Entspricht dem kommenden

JANUAR

IMPULSE AUS DEM MEDITATIONSBILD

Um Mitternacht zum 25. Dezember haben sich die Tore zur Anderswelt geöffnet. Jetzt ist alles anders. Spürst du bereits den Zauber, der dich mitnehmen will auf eine zwölftägige Reise? Vielleicht wird er dir besonders beim Betrachten des Bildes eine Seite zuvor bewusst. Welche Assoziationen oder Erinnerungen ruft es in dir wach? Haben dich Details besonders angesprochen? Das Schneeglitzern oben links vielleicht oder eines der folgenden Elemente?

Deine Augen hat es vor allem zu dem Baum gezogen? Was löst er in dir aus? Weckt er in dir das Bewusstsein für deine Wurzeln? Oder für deine sanfte Biegsamkeit im Wind des Lebens?

....

Hat dich der Mensch angesprochen, der hier seine Schritte macht? Wie fühlst du dich auf deinem Weg? Welche Schritte bist du gegangen und welche stehen im kommenden Jahr an?

....

Ist dir das Licht aufgefallen, dieses kleine Flämmchen, von Menschen entzündet? Was trägt dich in der Dunkelheit? Wie spürst du das Licht in deinem Inneren, die Flamme deines Herzens?

....

TRADITIONEN UND BRÄUCHE

Die Rauhnächte werden vor allem im Alpenraum schon über so viele Jahrhunderte gelebt, dass sich dazu eine Menge an Vorstellungen und Bräuchen herausgebildet hat. Einiges davon lässt sich auch heute noch mit Freude und persönlichem Gewinn zelebrieren.

Ein Licht ins Fenster stellen

Es ist eine alte Tradition, in dieser dunklen Zeit nachts immer ein Licht im Fenster zu haben. Das kann eine Kerze sein, die von der abendlichen Dämmerung bis zum Morgen brennt, wenn sich die Sonne wenigstens ein bisschen zeigt. Früher haben die Bauern auch um die Gehöfte herum in einem gewissen Abstand Laternen hingestellt, um die teilweise rauen Geister, die jetzt unterwegs sind, zu vertreiben. Die Menschen machten selbst Licht in der Finsternis der Natur.

Das tun wir bis heute. In der Weihnachtszeit haben wir gern Kerzen an, die uns mit ihrem Licht erfreuen und etwas Besinnliches in unsere Wohnzimmer zaubern. Und sogar die Straßen sind mit vielen Lichterketten und allerlei Glitzern und Leuchten geschmückt. Auch darin lebt noch etwas von der alten Tradition. Ganz bewusst können wir sie leben, indem wir abends nicht nur ein Kerzenlicht ins Fenster stellen, sondern uns dabei für einen Moment bewusst machen, was dies bedeutet: Es ist das Licht, das wir im Inneren bewahren, während es draußen kaum Helligkeit gibt. Das kleine Ritual auf Seite 37 macht dich noch näher damit vertraut, wenn du möchtest.

IMPULSE FÜR DIE ERSTE RAUHNACHT UND DEN JANUAR

Was war dein erster Impuls heute Morgen? Vielleicht eine Idee? Eine lange nicht mehr gespürte Empfindung? Eine Assoziation beim ersten Blick aus dem Fenster?

....

....

Hast du etwas geträumt? Nachts oder bei einer gemütlichen Mittagsruhe?

....

....

Hat sich dir ein Krafttier gezeigt? Aus dem Orakel oder in der Natur draußen? Welches Tier ist es und mit welcher Botschaft kam es zu dir?

....

....

DEIN KLEINES TÄGLICHES RITUAL

Es ist das zentrale Thema: Die Rauhnächte sind die Zeit, in der es draußen überwiegend dunkel ist und wir das Licht drinnen bewahren – in unseren Herzen und auch in der Wohnung. Du kannst ein kleines Ritual daraus machen, das dir jeden Tag einen Moment des Innehaltens und Besinnens schenkt. Besorg dir dafür zwölf Kerzen – es können Teelichter sein, aber auch kleine oder größere Stumpenkerzen. Wenn du größere Kerzen nimmst, das sei heute schon verraten, kannst du sie das ganze Jahr über nutzen, um dich mit der Kraft der Rauhnächte zu verbinden.

Ordne die zwölf Kerzen in einem Kreis an, du kannst auch jeweils einen schönen Stein dazulegen oder was immer dir gefällt. So entsteht eine Art Altar für die Zeit zwischen den Jahren. In jeder Nacht wirst du nun eine Kerze mehr entzünden, wie bei einem Adventskranz, nur eben mit zwölf Kerzen. Stell oder setz dich also vor deinen Kerzenkreis, halte kurz inne, nimm ein Streichholz und verbinde dich im Bewusstsein mit Vater Himmel und Mutter Erde. Der Funken ihrer Schöpferkraft ist es dann, mit dem du das Streichholz entzündest und die Kerze zum Leuchten bringst. Bleib noch ein paar Minuten still und spüre dem nach, dass heute etwas begonnen hat, das nach und nach wachsen und sich zu einem Kreis schließen wird. Das erste Licht ist nun entzündet.

ZWISCHENWELTENWISSEN

Ein schönes Wort, oder? Unter dieser beinahe schon magischen Überschrift wollen wir dir jeden Tag etwas von dem alten Wissen erzählen, das weit über die Tradition der Rauhnächte hinausgeht. Diese Zeit aber ist es, die uns besonders leicht wieder an die Weisheiten unserer Vorfahren heranführt.

Die Schleier zwischen den Welten

In allen alten Kulturen ging man davon aus, dass es mehrere Welten gibt. Da ist zunächst die uns bekannte, die normale, alltägliche. Daneben aber gibt es noch andere Welten, in denen Götter und mythische Wesen zu Hause sind, in denen die Toten oder allgemein die Seelen wohnen oder auch die Krafttiere und viele weitere Wesenheiten in der größten nur vorstellbaren Vielfalt. Zwischen diesen Welten gibt es Übergänge, die schon immer von Schamanen und Druiden, von Weisen und Sehern durchquert wurden. Sie konnten die Schleier zwischen diesen Existenzräumen zeitweise aufheben, um zu einem besonderen Wissen oder zu außergewöhnlichen Heilkräften zu gelangen, die sie dann für die Menschen nutzten.

Bis heute lebt in uns die Sehnsucht, diese Schleier – und sei es nur für Momente – wegzuziehen und einen Blick auf die andere Seite zu erhaschen. Und wir nutzen bis heute uralte Wege dafür. Wir orakeln beispielsweise – was nichts anderes heißt, als dass wir um eine Antwort von der anderen Seite bitten, auf die wir sonst in unserem eingeschränkten Blick auf die Welt momentan nicht kommen würden. Wir reisen schamanisch in diese anderen Welten, um ebenfalls Rat und Hilfe zu erhalten. Wir beten. Wir lauschen auf die Stille. Und wir erleben manchmal das Geschenk eines besonderen Traums, der uns zu einer tieferen Einsicht kommen lässt.

Die Rauhnächte nun sind eine Zeit, in der diese Schleier zwischen den Welten dünner sind. Manchmal weht sie der raue Winterwind sogar ganz beiseite. Seit alters her wurde diese Zeit deswegen als »Lostage« genutzt, an denen man Informationen darüber erhielt, wie das Wetter (und damit die lebensnotwendigen Ernten) im kommenden Jahr wird.

Einen ganz praktischen Umgang mit diesen Schleiern zwischen den Welten kannst du mit dem Ritual der 13 Wünsche (Seite 18) verbinden: Du bist zu Hause, im Bewusstsein deiner warmen Stube, es gibt den Plätzchenduft und den Lichterglanz. Und dann gehst du hinaus in die Dunkelheit, in die Natur oder auch auf den Balkon. Dabei kannst du dir vorstellen, dass du durch die Schleier gehst. Mit deinem Wunsch in der Hand trittst du hinaus und wechselst damit die Welten. Du öffnest dich der geistigen Welt. Du sagst beispielsweise, wer du bist und dass du einen Wunsch hast, um dessen Erfüllung du im Sinne des großen Ganzen bittest. Du übergibst ihn der geistigen Welt, indem du ihn verbrennst. Und dann lauschst du vielleicht noch einen Moment auf das, was du dabei empfindest. Möglicherweise kommt auch eine Botschaft zu dir. Und dann verabschiedest du dich und gehst ganz bewusst wieder in die warme Stube, in die alltägliche Welt, die dein Zuhause ist. Indem du die Tür oder die Balkontür schließt, kannst du dir vorstellen, das Tor zur geistigen Welt zu schließen. So weißt du genau, wo du bist, wo du hingehörst – und die Welten bleiben in ihrer Ordnung. Verbunden und doch jede für sich.

FÜNF DINGE, DIE HEUTE GUT WAREN

Mit dieser kleinen Reflexion kannst du dein ganzes Leben verwandeln. Die Positive Psychologie hat das sogar bei Menschen mit Depressionen nachgewiesen. Wer nämlich jeden Tag notiert, was alles gut läuft, der richtet sein ganzes Wesen positiv aus. Das zieht immer mehr Schönes in sein Leben und lässt ihn das Schwierige leichter durchstehen. Franziska hat ein ganzes Buch darüber geschrieben, ebenfalls mit viel Platz für eigene Reflexionen: *Alles, was mich glücklich macht.* **Also: Was lief heute besonders gut? Was hat dich gefreut, berührt, glücklich gemacht? Was lief besser als erwartet?**

WAS IST DIR HEUTE WICHTIG?

Diese Seite gehört noch einmal ganz deinen Gedanken und Empfindungen in dieser ersten Rauhnacht. Was war heute auffällig? Woran möchtest du dich selbst im Laufe des kommenden Jahres oder speziell im Januar erinnern? **Worum geht es für dich – auch im Hinblick auf das Kommende? Was ist dir wichtig zu notieren?**

ZWEITE RAUHNACHT
26. DEZEMBER

Entspricht dem kommenden

FEBRUAR

IMPULSE AUS DEM MEDITATIONSBILD

Die zweite Rauhnacht ist der zweite Weihnachtsfeiertag – besinnlich, festlich, meist im Kreise der Familie und der Freunde begangen. Vielleicht gibt er dir die Gelegenheit, dich in das Bild eine Seite zuvor fallen zu lassen und zu schauen, was es dir zu sagen hat. Als Ganzes oder in den Details der Bäume, des goldenen Weges oder der folgenden Elemente.

Deine Augen bleiben am Mond hängen? Wie lebst du deine weiblichen Seiten (auch als Mann)? Welchen Stellenwert gibst du dem Geheimnisvollen, dem Magischen, dem Ahnungsvollen?

....

Zieht dich der Tunnel an? Lockt er dich in eine neue, noch unentdeckte Welt? Wohin bist du unterwegs? Was will entdeckt werden – im Leben oder in deinem Inneren?

....

Der Bär hingegen könnte dir sagen: Noch ist Winterschlaf – die Zeit von Ruhe und Stille, die im Verborgenen das Neue vorbereitet. Wie lebst du das?

....

TRADITIONEN UND BRÄUCHE

Ein Druck auf den Lichtschalter und schon ist von der Nacht nicht mehr viel zu bemerken. So erleben wir es heute. Wenn wir uns hingegen vorstellen, wie wenig Licht es früher in den langen Winternächten gab! Vielleicht wurde eine Kerze entzündet, wenn die Familie sich das leisten konnte. Oder es leuchtete eine Ölfunzel oder das Herdfeuer beleuchtete spärlich die zusammenrückenden Menschen. Sie nutzten die langen Abende nicht nur für kleine Handarbeiten, sondern auch, um sich Geschichten zu erzählen.

Geschichten erzählen

Heute lesen viele Menschen gerne Krimis. Und so ist auch vorstellbar, dass unsere Vorfahren sich sehr gern gruslige Geschichten erzählten, vor allem wenn es draußen dunkel war und der Sturm ums Haus heulte. Dann ließ man zum Beispiel die Erinnerung an Gott Wotan und seine Wilde Jagd (um die wird es auf Seite 85 noch gehen) aufleben, die in den heiligen Nächten auf der Suche nach verlorenen Seelen durch die Lande brausten.

Wir können die Rauhnächte heute auch für Geschichten ganz anderer Art nutzen. Auch wir sitzen ja an den Feiertagen mit der Familie und Freunden zusammen, wir essen und trinken, wir feiern und – auch wir erzählen. Wie wäre es, diese Zeit zu nutzen, um mehr über die anderen – und damit über die eigenen Wurzeln – zu erfahren? Oma und Opa erzählen sicher gern davon, wie sie sich kennengelernt haben. Und allen dürfte es Freude machen, davon zu berichten, was für sie das Allerschönste im zu Ende gehenden Jahr war. Oder überhaupt im bisherigen Leben. Es ist so einfach: Wenn man Eltern oder Großeltern nach den schönen, den freudigen Dingen im Leben fragt, dann erzählen sie meist sehr gern ausführlich davon. Ein weiterer schöner Gesprächsimpuls: Worauf freut sich jeder im kommenden Jahr?

IMPULSE FÜR DIE ZWEITE RAUHNACHT UND DEN FEBRUAR

Was war dein erster Impuls heute Morgen? Vielleicht eine Idee? Eine lange nicht mehr gespürte Empfindung? Eine Assoziation beim ersten Blick aus dem Fenster?

....

....

Hast du etwas geträumt? Nachts oder bei einer gemütlichen Mittagsruhe?

....

....

Hat sich dir ein Krafttier gezeigt? Aus dem Orakel oder in der Natur draußen? Welches Tier ist es und mit welcher Botschaft kam es zu dir?

....

....

DEIN KLEINES TÄGLICHES RITUAL

Nimm dir auch heute wieder einen Moment und setz dich vor den Kreis deiner zwölf Kerzen. Entzünde die erste, die gestern schon brannte, und eine weitere für die heutige, die zweite Rauhnacht. Wenn du wenig Zeit hast, nimm einfach nur diesen Augenblick des Innehaltens wahr. Mach dir das Besondere dieser Zeit bewusst – und wenn es dir ein Lächeln ins Gesicht gezaubert hat, dann gehst du wieder in die Aktionen oder Begegnungen, die gerade gelebt werden wollen.

Mit etwas mehr Zeit atmest du tief durch, wirst ruhiger und spürst ganz bewusst in diese Nacht hinein. Draußen das Dunkel, hier drinnen das Licht deiner beiden Kerzen. Während du stiller wirst, lauschst du, ob dir die geistige Welt eine Botschaft offenbart – vielleicht als Gedanke, als Bild, als Gefühl der Freude oder der Liebe oder auch als Duft, der plötzlich in deiner Nase ist. Was weht zu dir herüber durch die Schleier zwischen den Welten, die jetzt so dünn sind, so federleicht wehend im Winterwind?

Spüre aber auch nach innen, in dich selbst hinein. Der Zugang zu dir selbst ist in den kostbaren Momenten der Stille, wie sie dir dieses kleine Ritual schenkt, ebenfalls viel leichter möglich.

Beende das Ritual, wann immer du möchtest, indem du die Kerzen ausbläst und mit Körper und Geist wieder in den Alltag zurückkehrst.

ZWISCHENWELTENWISSEN

Alles rund um die Weihnacht und um die Rauhnächte dreht sich um das Licht. Gerade weil es die dunkelste Zeit des Jahres ist, wird uns das Licht so wichtig. Wie so oft bemerken wir die große Bedeutung von etwas dann am meisten, wenn wir es eine Zeit lang entbehren müssen.

Unseren Vorvätern und -müttern ging es da nicht anders. Oder besser: Ihnen ging es in einem noch verstärkten Maße so. Denn wie dunkel die Winternächte für sie waren, das können wir uns heute im Zeitalter der elektrischen Beleuchtung gar nicht mehr vorstellen. Doch unsere Vorfahren wussten, wie es ist, wenn man »die Hand vor Augen« nicht mehr sieht und über Wochen hinweg nur für wenige Stunden täglich das Haus verlassen kann. Umso inniger war das Hoffen darauf, dass die Tage bald wieder länger werden mögen. Dass Licht und Wärme zurückkommen. Sie nämlich sind es, die den Fortbestand des Lebens sichern.

Die Geburt des Lichts

Langsam kehrt das Licht zurück. Sehr langsam. Schon am 21. Dezember war die Wintersonnenwende – nach diesem kürzesten Tag des Jahres wird es wieder heller, weil die Zahl der Minuten, in der sich die Sonne oberhalb der Horizontlinie zeigt, bis zum Sommeranfang stetig anwachsen wird. Wie nach der Geburt eines Kindes heißt es nun: geduldig sein. Das Wachsen geht unaufhörlich, aber doch so vonstatten, dass sich zeitweise gar nichts zu verändern scheint.

Bemerken können wir vom »wiedergeborenen Licht« derzeit zwar noch nichts. Doch eine kleine Ahnung von den länger werdenden Tagen erhalten wir oftmals am Tag der Heiligen Drei Könige, dem 6. Januar, wenn die Rauhnächte vorbei sind. Dann liegt so ein Hauch von »Ja, es ist wieder ein wenig heller« in der Luft. So richtig spürbar wird das nahende Frühjahr dann ab dem 2. Februar. Kirchlich wird dieser Tag als Mariä Lichtmess gefeiert, der letzte Weihnachtsschmuck verlässt die Kirchen und die Kerzen für das kommende Jahr werden geweiht. Wie bei den meisten christlichen Feiertagen allerdings reicht die Bedeutung des Datums auch hier weit in die vorchristliche Zeit zurück. Schließlich liegt der 2. Februar in der Mitte zwischen der Wintersonnwende am 21. Dezember und der Frühlings-Tagundnachtgleiche am 21. März, dem Frühlingsbeginn. Somit gehört er zu den acht zentralen Festtagen im Jahreskreis, die den Menschen schon vor Jahrtausenden aufgefallen waren: Die beiden Tagundnachtgleichen und Sonnenwenden bilden im Kreisrund des Jahres ein Kreuz, das von weiteren vier Feiertagen unterteilt wird. Vor allem in der keltischen Kultur wurden diese acht zentralen Momente des Jahres feierlich begangen. Imbolc war dabei Anfang Februar das Fest der Fruchtbarkeit, das eng mit der Göttin Brigid in Zusammenhang steht. Ihr Name soll nicht von ungefähr für »die Strahlende«, »die Lichte« stehen.

Was wir meist unterschwellig wahrnehmen, beschreibt auch ein alter Reim, den wir hier gern wiedergeben wollen. Denn heller wird es:

An Neujahr um einen Hahnenschritt,
an Heilig' Dreikönig um einen Hirschensprung,
an Sebastian um eine ganze Stund,
an Mariä Lichtmess merkt man erst was drum.

»Sebastian« ist übrigens der 20. Januar, der Gedenktag für einen Märtyrer und Heiligen. Eine Sache, derer wir während der Rauhnächte gedenken können, ist diese wunderbare Balance aus Licht und Dunkel, in der wir offenbar seit Jahrtausenden die Jahre auf dieser Erde erleben dürfen. Exakt ein halbes Jahr lang wird es auf unserer Nordhalbkugel immer dunkler, und die andere Hälfte des Jahres wird es immer heller. In dieser Ausgewogenheit aus Tag und Nacht können wir für unseren Lebensrhythmus ableiten, ausgeglichen Aktivität und Ruhe zu erfahren. Im lichten Halbjahr mehr vom Tun und Schaffen, vom Feiern und der Begegnung. Im dunklen mehr von Muße und Entspannung, von Innenschau und Reflexion.

FÜNF DINGE, DIE HEUTE GUT WAREN

Wer aufschreibt, was gut läuft, der holt es in sein Bewusstsein. Er rückt den Fokus darauf. Und auf den kommt es an. Der Blick auf das Positive verändert die Ausstrahlung – und was wir ausstrahlen, kommt letztlich auch zu uns zurück. In diesem Sinne: **Was lief heute so richtig gut? Was hat dich lachen lassen, tanzen, singen? Was hat dein Herz berührt?**

....

....

....

....

....

....

....

....

....

26. Dezember – die Rauhnacht für den Februar

WAS IST DIR HEUTE WICHTIG?

Auch heute eine ganze Seite für deine Gedanken und Empfindungen. Das, was in einer Rauhnacht geschieht, zeigt oftmals schon eine Grundtendenz dessen an, worum es im entsprechenden Monat gehen wird – heute also im Februar. Beim Wetter ist das so, aber auch darüber hinaus. **Was war heute auffällig? Was beschäftigte dich? Was bereitet sich in dir vor, um im neuen Jahr gelebt zu werden?**

DRITTE RAUHNACHT
27. DEZEMBER

Entspricht dem kommenden

MÄRZ

IMPULSE AUS DEM MEDITATIONSBILD

Die dritte Rauhnacht. Die Feiertage sind vorüber und doch bleibt der Zauber dieser außergewöhnlichen Zeit bestehen, wenn wir uns ihm öffnen. Der März, der der heutigen Rauhnacht entspricht, hält ebenfalls einen ganz besonderen Zauber für uns bereit: das allmähliche Erwachen des Frühlings. Wie erlebst du den heutigen Tag? Und was sagt dir das Bild dazu – in seiner ganzen Fülle und in den Details wie dem Rotkehlchen oder dem ruhig dahinziehenden Fluss?

Faszinieren dich die Eiszapfen, die in der Frühlingssonne langsam zu tropfen beginnen? Was bringt dich zum Schmelzen? Was macht dein Herz weich und sanft und zärtlich?

....

Hast du die Knospen am Baum entdeckt? Was bereitet sich in dir während der dunklen Zeit vor, um dann im Frühling frisch und kraftvoll hervorzusprießen?

....

Zum Frühling gehören unbedingt die vielen bunten Wildblumen. In welcher Farbe möchtest du im neuen Jahr erblühen, mit welcher Qualität dich zeigen?

....

TRADITIONEN UND BRÄUCHE

Einfach mal nichts tun – die moderne Wissenschaft, speziell die Hirnforschung, weiß, wie gut uns das tut. Das Gehirn macht in solchen Zeiten nicht etwa gar nichts, sondern wird umso aktiver, um bisher Erlebtes zu sortieren und zu verwerten. Es bereitet damit neue Aktivitätsphasen vor, in denen wir dann umso produktiver und vor allem kreativer sein können. Ob unsere Vorfahren darum bereits wussten? Während der Rauhnächte jedenfalls galt die Regel: Ruhe geben und nicht arbeiten!

Die Räder still stehen lassen

Die Natur lebt es vor – und die Menschen taten es ihr nach: Während der dunklen Zeit ist alles still. Und so gaben auch unsere Ahnen Ruhe. Dass sie während der Zeit zwischen den Jahren die Räder still stehen ließen und keine Wäsche wuschen, sind alte Bräuche, die ganz unterschiedlich gedeutet werden können. Sollten etwa im übertragenen Sinne die Spinnräder, die die Schicksalsfäden spinnen, für eine Zeit innehalten? Und wollte man verhindern, dass sich die jetzt umherziehenden Geister in der zum Trocknen aufgehängten Wäsche verfangen?

Was auch immer es ist, für uns heute können die alten Vorgaben Grund zum Aufatmen sein: Lassen wir doch während dieser zwölf Tage und Nächte nach Möglichkeit mal alles sein, was uns Mühe macht, was uns schwerfällt – so wie es früher das Waschen der Wäsche war. Und halten wir auch die Räder an, die uns eher quälen als freuen: die Hamsterräder des Alltäglichen und die immer gleichen Mühlen sorgenvoller Gedanken. Laden wir stattdessen die Muße ein und genießen wir, wann immer sich die Chance dazu ergibt, unsere Lebendigkeit im gegenwärtigen Moment. Nur ihn können wir überhaupt leben. Jetzt.

IMPULSE FÜR DIE DRITTE RAUHNACHT UND DEN MÄRZ

Was war dein erster Impuls heute Morgen? Vielleicht eine Idee? Eine lange nicht mehr gespürte Empfindung? Eine Assoziation beim ersten Blick aus dem Fenster?

....

....

Hast du etwas geträumt? Nachts oder bei einer gemütlichen Mittagsruhe?

....

....

Hat sich dir ein Krafttier gezeigt? Aus dem Orakel oder in der Natur draußen? Welches Tier ist es und mit welcher Botschaft kam es zu dir?

....

....

DEIN KLEINES TÄGLICHES RITUAL

Wenn du möchtest, begibst du dich auch heute wieder zu deinem Kerzenkreis und hältst im Tagesgeschehen inne. Du zündest die Kerzen an, die erste, zweite und nun auch die dritte für die heutige Rauhnacht und den Monat März. Tu es möglichst wieder in Verbindung mit Vater Himmel, der dir den göttlichen Funken sendet, und Mutter Erde, die dich ebenso trägt und hält wie deinen Kerzenkreis.

Während du die Flamme betrachtest, nimm dieses Licht in deiner Vorstellung in dich hinein. Nimm es in dein Herz und spüre nach, wie sich dieses Licht des Göttlichen, das du in Verbindung mit Himmel und Erde entzündet hast, in dir anfühlt. Lass es in dir lebendig sein, strahlen und wirken.

Möglicherweise kommt auch eine Botschaft aus deinem Inneren zu dir. Dann spricht dein Herz zu dir – so wie das Herz, das sich im anfangs beschriebenen Wintersonnwendfeuer zeigte, zu uns gesprochen hatte.

ZWISCHENWELTENWISSEN

Wir sind niemals allein. Das hören wir manchmal und es stimmt auch. Aber können wir es glauben, wenn wir uns gerade einsam fühlen, unverstanden, nicht gesehen? Wir alle haben solche Momente oder sogar Phasen in unserem Leben, die wir ohne engere Vertraute durchleben müssen. Vielleicht weil sich in uns etwas Neues vorbereitet, das wir ganz für uns ausbrüten müssen. Selbst die liebsten Nächsten können uns dabei nicht recht helfen. Oder wir mussten die bisherigen Vertrauten hinter uns lassen, weil sich unsere Lebenswege zu weit auseinanderbewegten. Es werden neue Vertraute zu uns stoßen. Doch für eine Zeit sind wir – oder fühlen wir uns – allein.

Das betrifft aber nur die Menschenwelt. Denn immer sind wir verbunden mit der Natur und mit der geistigen Welt. Für sie jedoch müssen wir uns aktiv öffnen, um ihre feineren Schwingungen zu spüren und ihre leiseren Stimmen zu hören. Das jedoch ist äußerst lohnend – und nicht nur für die Momente, in denen wir uns allein fühlen. Immer können wir an dem Kontakt zu unseren geistigen Verbündeten wachsen und uns darin stärken. (Mehr dazu findest du in Franziskas Buch *21 Gründe, das Alleinsein zu lieben*.)

Unterstützer aus den geistigen Welten

Die Rauhnächte eignen sich besonders gut, diese Art von Kontakten zu pflegen. Wir hatten ja beschrieben, dass die Tore zu den anderen Welten – zu den geistigen Sphären – in dieser Zeit besonders weit offen stehen. So erhalten wir auch umso leichter Zugang zu unseren geistigen Verbündeten – zu jenen Wesen von der »anderen Seite«, die auf irgendeine Weise zu uns gehören, auch wenn sie nicht in einem sichtbaren Körper über die Erde gehen. Es können Krafttiere sein, Engel, Naturwesen, wohlmeinende Ahnen aus den Linien unserer Vorfahren oder bereits verstorbene Persönlichkeiten aus Kultur und Geschichte, die wir als Energie wahrnehmen (Wenn du hier tiefer einsteigen möchtest, empfiehlt sich Veras Buch *Eine Reise zu den Ahnen*). All diese Wesen können uns mit ihrer Weisheit und ihren speziellen Qualitäten unterstützen. Ob es um Trost geht, den wir in einem Moment brauchen, um

Rat in einer persönlichen, einer familiären oder beruflichen Frage, um Mut für eine knifflige Präsentation oder um Kraft für den bevorstehenden Umzug – unsere geistigen Verbündeten können uns in so ziemlich allen Belangen des Lebens helfen.

In seltenen Augenblicken zeigen sie sich uns spontan. Meist müssen wir sie aktiv zu uns einladen, in einem Gebet zum Beispiel oder einer innig empfundenen Bitte. Ist sie ausgesprochen, können wir spüren, wie sich etwas verändert: Es kann ein Luftzug an uns vorbeigehen, wenn sich ein Engelwesen nähert. Ein Krafttier spüren wir möglicherweise direkt körperlich neben uns oder als Stimme in unserem Kopf oder wir sehen es vor unserem inneren Auge. Eine andere Wesenheit macht sich vielleicht durch eine Berührtheit in unserem Herzen bemerkbar oder durch eine Idee, die plötzlich in unsere Gedanken rutscht. Manchmal ist eine solche Begegnung so fein und zart, dass wir nichts direkt spüren, sondern uns eher vorstellen, dass wir einen Helfer wahrnehmen. Es gibt unendlich viele Möglichkeiten.

Je mehr wir uns ihnen öffnen, umso intensiver kann natürlich auch der Austausch mit diesen Wesen werden. Manche begleiten uns dann viele Jahre oder sogar ein Leben lang. Wann immer wir uns auf sie besinnen, können sie uns einen Energieschub geben, unsere Stimmung auffrischen oder uns mit einem inneren Bild weiterhelfen oder mit einem Hinweis auf etwas, was uns gerade guttun würde. Mit einem vertrauten geistigen Gefährten sitzen wir direkt an der Quelle: Jederzeit können wir aus den feinstofflichen Ebenen Hilfe erhalten. Und dies manchmal auf die überraschendsten Weisen.

Oftmals geben sich unsere geistigen Unterstützer gar nicht direkt zu erkennen. Nicht immer wissen wir also, wer sie sind und wie sie aussehen, auch wenn wir ihre Präsenz deutlich wahrnehmen. Letztlich ist es nicht wichtig, sie genau zu identifizieren. Wenn wir uns auf sie einlassen, können wir ihre hilfreichen und heilsamen Schwingungen in unser Leben lassen, mit ihnen auf dankbare Weise ins Gespräch kommen – und eines Tages vielleicht auch mehr über ihre Identität und ihre Welt erfahren. In jedem Fall aber können – und sollten – wir ihre Gegenwart genießen.

FÜNF DINGE, DIE HEUTE GUT WAREN

An manchen Tagen muss man ein wenig suchen, bis man das Schöne, das Erfreuliche findet. Aber etwas vielleicht auch nur sehr Kleines findet sich immer, so viel dürfte sicher sein. Sich jeden Tag auf die Suche zu begeben, macht bald auch die kleinen Freuden stärker bewusst, die sonst als selbstverständlich hingenommen und damit weder genossen noch gewürdigt werden: die warme Dusche, das ruhig schlafende Kind, ein gelungenes Essen …
In diesem Sinne: Was war heute gut? Was lief besser als erwartet?

27. Dezember – die Rauhnacht für den März

WAS IST DIR HEUTE WICHTIG?

Was ist dir heute wichtig zu notieren? Vielleicht auch im Hinblick auf etwas, das du im neuen Jahr verändern, umsetzen, kreieren willst. Aufschreiben ist etwas sehr Machtvolles. Denn damit machst du schon einmal manifest, was zuvor nur als Idee oder Ahnung in dir lebte. Du bringst es bereits in die Welt. Sei es ein Projekt oder zum Beispiel das Vorhaben, sich mehr zu bewegen oder mehr Frisches zu essen.

VIERTE RAUHNACHT
28. DEZEMBER

Entspricht dem kommenden

APRIL

IMPULSE AUS DEM MEDITATIONSBILD

Die vierte Rauhnacht, das ist der April, der Monat der unbeständigen Wechsel, mit denen sich das Neue Raum schafft. Neugierig können wir jetzt so viel entdecken, während das Flirren des Frühlings in der wärmer werdenden Luft liegt. Was zeigt dir das Bild dazu? Was bringt es ins Fließen? In deinem Empfinden, deinem Fühlen und Denken?

Der Buddha, halb verborgen vor unseren Blicken ist er doch sehr präsent und zieht die Aufmerksamkeit auf sich. Wie geht es dem Buddha in dir? Wie nah bist du deiner inneren Weisheit?

....

Mitten im Strom sitzen die Möwen, gelassen und im rechten Moment zur Stelle, wenn eine Chance sich zeigt. Wie gegenwärtig lebst du? Wie gelassen inmitten allen Wandels?

....

Zarte Blümchen, wie aus einer anderen Welt, auch sie laden dich ein zu reflektieren. Was will in dir erblühen? Wobei blühst du auf?

....

TRADITIONEN UND BRÄUCHE

Rauhnächte – das heißt doch Räuchern! Endlich wird es in diesem Buch auch speziell darum gehen. Auf zweierlei Weise können wir räuchern: Zum einen, um Altes, Verbrauchtes aus unseren Räumen oder unserer Aura zu entfernen. Zum anderen, um gute Energien und heilsame Schwingungen einzuladen und Dinge oder Wesen zu segnen. Noch sind wir ja in der ersten Hälfte der Rauhnächte, deswegen wird es heute um das Räuchern im Sinne des Loslassens und Aufräumens gehen. Erst wenn das Alte verabschiedet ist, kann es um das Neue gehen. Daher lassen sich die Rauhnächte wunderbar in zwei Hälften begehen: Bis Silvester wird Altes gewürdigt und verabschiedet. Und nach der Neujahrsnacht, der großen Transformation, geht es um das Neue, das ins Leben eingeladen wird.

Ausmisten, Ordnung schaffen, Räuchern

Traditionell waren die Rauhnächte eine Zeit, in der die Ordnung besonders wichtig war. Denn wenn so viele Geister auf der Erde unterwegs waren, wollte man natürlich nicht, dass sie ausgerechnet in der eigenen Stube stolpern und dann ungehalten reagieren. Also räumte man gut auf, mistete aus und hielt die Räume blitzeblank. Auch damit schloss man wie nebenbei natürlich das alte Jahr ab.

Das Räuchern unterstützt das grobe Putzen und Aufräumen auf feinstoffliche Weise. Auch die »Energieräume« werden damit gereinigt: ob mit Weihrauch wie in den Kirchen oder mit Beifuß und Wacholder, wie von Kräuterfrauen empfohlen. Es wirkt am besten, wenn man es im dankbaren Bewusstsein dafür tut, dass der Rauch die Räume reinigen und schützen solle. Dabei ist es gar nicht so wichtig, mit welchem Räucherwerk gereinigt wird. Wer schamanisch arbeitet, nutzt meist den weißen Salbei mit seinem typisch würzigen Duft. Nachher fühlen sich die Räume klar und irgendwie geordnet an – was sich auf uns selbst ebenfalls überträgt.

IMPULSE FÜR DIE VIERTE RAUHNACHT UND DEN APRIL

Was war dein erster Impuls heute Morgen? Vielleicht eine Idee? Eine lange nicht mehr gespürte Empfindung? Eine Assoziation beim ersten Blick aus dem Fenster?

....

....

Hast du etwas geträumt? Nachts oder bei einer gemütlichen Mittagsruhe?

....

....

Hat sich dir ein Krafttier gezeigt? Aus dem Orakel oder in der Natur draußen? Welches Tier ist es und mit welcher Botschaft kam es zu dir?

....

....

DEIN KLEINES TÄGLICHES RITUAL

Heute brennen in deinem Ritual bereits vier Kerzen. Achtsam hast du sie entzündet und nun betrachtest du sie in Ruhe. Oder du hast die Augen geschlossen, während du der Stille lauschst.

Nimm das Licht wieder in dein Herz und spüre dort, wie es strahlt. Nach einer Zeit kannst du beginnen, dieses Licht von deinem Herzen aus in den ganzen Körper strahlen zu lassen. Lass es leuchten, vom Herzen hinaus in deinen Brustkorb, in den Bauch und in das Becken hinein, in die Beine bis hinunter in die Füße und die Zehen. Lass zu, dass es in die Schultern und Arme fließt, bis in die Fingerspitzen. Lass es dann auch von deinem Herzen aus in den Kopf hinauf strömen und dich voll und ganz erleuchten. Spüre dieses helle Strahlen oder vielleicht auch die Wärme, die damit einhergeht, die freudige oder liebevolle oder auf andere Weise angenehme Empfindung.

Beende das Ritual in deiner Zeit, indem du die Kerzen ausbläst, das strahlende Licht jedoch in deinem Herzen behältst.

ZWISCHENWELTENWISSEN

Wir hatten vom Aufräumen gesprochen. Es macht unsere Räume sauber, ordnet die Dinge darin und damit auch die Energien, die uns umgeben. Wir wollen schließlich behaglich leben und vor allem in unseren Wohnräumen Freude und Kraft tanken können. Dass Räume noch viel mehr sein können, wusste man in vielen alten Traditionen. Beispielsweise befasste sich das chinesische Feng Shui ebenso wie das altindische Vastu mit der Energie in den Häusern und Wohnungen und fand hoch komplexe Techniken und Raumaufteilungen, um diese Energien für den Menschen bestmöglich zum Fließen zu bringen. Wir können mit dem Wissen der großen spirituellen Traditionen dieser Erde noch weit über Ästhetik, Wohlgefühl und Gesundheit hinausgehen. Wir betreten damit die heiligen Räume.

Der heilige Raum

Ein heiliger Raum ist nicht von dieser Welt und doch ist er irdisch. Kirchen und Tempel sind solche Räume, ebenso Altäre oder Schreine, die Menschen irgendwo aufgebaut und auf ihre Weise »geheiligt« haben. Auch in der Natur gibt es sie: Kraftplätze können mit ihrer hohen energetischen Schwingung heilige Räume sein. Immer sind es Räume, die uns nähren, die uns erfüllen, die uns still und andächtig werden lassen, während vielleicht Antworten auf unsere Lebensfragen aus den geistigen Sphären zu uns vordringen.

Für die Rauhnächte und für unseren Alltag dürfte es die wichtigste Information sein, dass wir uns selbst heilige Räume schaffen können. Wir haben dafür viele Möglichkeiten, die sich auch kombinieren lassen. Wie immer im Spirituellen geschieht dabei nichts automatisch, denn das Wesentliche ist unsere Bewusstheit, mit der wir etwas tun oder lassen. Auch für einen heiligen Raum braucht es die. Um ihn für uns zu etablieren, können wir zum Beispiel in einer Ecke der Wohnung einen Altar aufbauen – vielleicht einfach einen Tisch mit Gegenständen, die für uns bedeutsam sind: eine Kerze, Steine, Schmuck, Erinnerungsstücke, Fotos. An diesem Platz können wir räuchern, beten, meditieren und ihn auf diese Weise nach und nach mit Kraft aufladen. So wird er heilig, und am besten wird er von uns auch nur für »höhere« Zwecke genutzt.

In der schamanisch-therapeutischen Arbeit wird der heilige Raum erschaffen, indem wir die Kräfte der vier Himmelsrichtungen und von Vater Himmel und Mutter Erde einladen, mit uns zu sein. Respektvoll werden sie angesprochen und in den Raum gebeten, der spürbar Kraft erhält. Als Vorbereitung für ein Ritual, eine Heilsitzung, aber auch für ein bedeutsames Gespräch oder die Arbeit an einem Projekt ist dies sehr wertvoll. Alles, was in einem solchen heiligen Raum geschieht, wird von den geistigen Kräften beschützt, geleitet und unterstützt. Wir sind in ihm geborgen und mit etwas Höherem verbunden.

FÜNF DINGE, DIE HEUTE GUT WAREN

Ist dir aufgefallen, dass du viel stärker auf die positiven Dinge achtest, seit du sie abends aufschreibst? Du hast die innere Ausrichtung verändert – und das verändert wiederum dich und dein Erleben. Bald fragst du nicht nur abends während dieser Reflexion, sondern auch mal zwischendurch: **Was ist das Gute daran? Was erfreut mich? Was ist einfach schön und tut mir oder anderen gut?**

WAS IST DIR HEUTE WICHTIG?

Was hat den heutigen Tag für dich ausgemacht? Vielleicht lief er nicht ganz so, wie du es dir gewünscht hättest. Doch er ist nun ein Teil deines Lebens. Du kannst ihm nachspüren und überlegen, was dir nicht gefallen hat und was du künftig anders machen möchtest. Vielleicht gibt es überhaupt Qualitäten, die du nicht mehr leben willst. Welche sind das? Nutze die Kraft des Reflektierens, sie ist der Beginn jeder bewusst angestoßenen Veränderung.

FÜNFTE RAUHNACHT
29. DEZEMBER

Entspricht dem kommenden

MAI

IMPULSE AUS DEM MEDITATIONSBILD

Die fünfte Rauhnacht hat uns ganz tief in den Zauber dieser dunklen Zeit hineingeführt. Und doch weist sie auch darüber hinaus – ins Helle, Weite, in einen Maitag voller Frühlingsverheißung. Was spricht das Bild des heutigen Tages in dir an? Welche Stimmung löst es in dir aus – im Ganzen und in seinen Details?

Würdest du gern wie diese Frau dort am Wasser sein? Was meinst du: Läuft sie über eine Brücke zum anderen Ufer oder ist es ein Steg? Wohin könnte dich dein Ausflug dort führen?

....

Wie Perlen fallen Tropfen von den Felsen. Ein Segen der Geister? Wodurch fühlst du dich gesegnet? Oder zumindest innerlich erfrischt? Was gießt die Samen in deinem Inneren?

....

In den Fels haben Mönche ein Mantra eingraviert. Welches ist dein »Mantra«, dein Motto, dein liebstes Gebet, der Satz, der am besten zu deiner Seele passt?

....

TRADITIONEN UND BRÄUCHE

Unser Leben braucht ab und an eine Zäsur. Sonst verläuft immer alles im gleichen Trott und ungünstige Muster graben sich in unser Dasein wie Bäche in einen Felsen. Deswegen ist es so wertvoll, dass sich der Sonntag von den Wochentagen unterscheidet, dass es da mal etwas Ruhe gibt, mehr Freiheit, mehr Weite, mehr Raum zur Reflexion: »Läuft noch alles gut? Oder was möchte ich in der kommenden Woche anders machen?«

Eine solche Zäsur sind auch die Rauhnächte. Sie holen uns aus unserem Alltagstempo heraus und geben uns die Gelegenheit, tiefer gehende Fragen zu stellen und mit etwas Abstand auf das Leben zu schauen.

Streit beenden und Schulden begleichen

Eine solche Zäsur wurde von alters her mit Regeln und Bräuchen verbunden. Im Falle der Rauhnächte gehört dazu auch, dass man Streit beenden und Schulden zurückzahlen sollte, bevor das neue Jahr beginnt.

Uns allen geht es zeitweise so, dass sich Pflichten und To-dos wie ein Berg vor uns auftürmen, den wir dann vor uns herschieben. Das kostet eine Menge Energie. Doch ist dann wieder etwas geschafft und können wir ein Häkchen auf der (geschriebenen oder nur im Kopf geführten) Liste machen, fühlen wir uns ein gutes Stück erleichtert und befreit.

In noch viel stärkerem Maß betrifft das aufgeschobene Versöhnungsgespräche oder Schulden, die wir noch nicht begleichen konnten. Sie bremsen uns in unserer Freude und unserem Schwung. Und sie lähmen das Miteinander. Wer sich dazu aufraffen kann, am Ende des Jahres hier aktiv zu werden, das längst nötige Gespräch zu suchen und einen Ausgleich zu finden, der startet frisch und frei ins Neue.

IMPULSE FÜR DIE FÜNFTE RAUHNACHT UND DEN MAI

Was war dein erster Impuls heute Morgen? Vielleicht eine Idee? Eine lange nicht mehr gespürte Empfindung? Eine Assoziation beim ersten Blick aus dem Fenster?

....

....

Hast du etwas geträumt? Nachts oder bei einer gemütlichen Mittagsruhe?

....

....

Hat sich dir ein Krafttier gezeigt? Aus dem Orakel oder in der Natur draußen? Welches Tier ist es und mit welcher Botschaft kam es zu dir?

....

....

DEIN KLEINES TÄGLICHES RITUAL

Wenn du dich heute zu deinem Ritual begibst, wirst du schon fünf Kerzen entzünden. Nimm ihr Licht wieder in dein Herz und lass es von dort aus in deinen ganzen Körper strömen, so wie gestern. Spüre, wie gut sich das anfühlt und wie sich alles in Licht und Wärme getaucht entspannen kann.

Lass nun zu, dass sich das Licht von deinem Herzen aus noch weiter ausbreitet und zu den Menschen strömt, die dir nahe sind. Lass es in deiner Vorstellung zu deiner Familie fließen, zu deinen Freunden, deinen Nachbarn, zu all den Menschen, die du liebst und schätzt. Es ist gleich, ob sie in deiner Nähe leben oder sehr weit weg oder ob sie schon verstorben sind.

Du spürst, wie das Licht immer heller wird, immer weiter leuchtet und nach und nach auch das Licht in den Herzen dieser anderen Menschen berührt oder ganz neu entzündet. Erfreue dich an diesem gemeinsamen Strahlen und Leuchten.

Lausche noch ein paar Momente, ob du eine Botschaft von deinen Lieben oder aus der geistigen Welt erhältst. Wenn du das Ritual dann beenden möchtest, lass die Vorstellung des Lichts allmählich verblassen und komm mit dem Bewusstsein ganz in deinen Raum zurück. Lösche die Kerzen und wende dich wieder deinen Tagesaktivitäten zu.

ZWISCHENWELTENWISSEN

In den Rauhnächten sind die Vorhänge zwischen den Welten nur dünn, deshalb ist es ja auch die Zeit der Seher, Visionäre und Zukunftsdeuter. Den Toten ist man jetzt ebenfalls näher, vor ihnen hatte man allerdings oftmals auch Angst, vor allem wenn sie mit der Wilden Jagd (um die es morgen gehen wird) durch die Lande fegten. Daher (und wegen der Perchten, um die es in der zwölften Rauhnacht gehen wird) haben die Rauhnächte auch ihr leicht gruseliges Image. Mit dem aber müssen wir sie heute gar nicht mehr verbinden. Denn die größere Nähe zu den anderen Welten ist auch eine Chance.

Die Verbundenheit aller Wesen

Ich und du. Wir und die anderen. Hier und dort. Diese und die andere Welt. Letztlich sind diese Trennungen eine Illusion. Natürlich brauchen wir sie im Alltag zu unserer Orientierung. Aber am Ende sind wir alle eins. Alles in unserem Universum ist im selben Moment entstanden und hat sich seither unzählige Male gewandelt und neu geformt. Während wir Menschen uns vor allem auf den physischen Ebenen bewegen, gibt es gleichzeitig die feineren Ebenen, ob wir sie wahrnehmen können oder nicht. Die Physik weiß längst, dass alles Schwingung ist – manches schwingt langsamer, anderes sehr schnell, und so zeigt sich das Leben in unendlich großer Vielfalt.

Das Schöne ist, dass wir Zugang zu ganz vielen Ebenen haben, so wie jeder von uns ja auch in unterschiedliche Schwingungszustände gehen kann. Mal sind wir wild und laut und körperlich aktiv, dann wieder still und meditativ lauschend. Wir haben in diesem Facettenreichtum nicht zuletzt auch die Möglichkeit, mit den vielfältigsten Formen des Lebens Freundschaft zu schließen: mit ganz unterschiedlichen anderen Menschen, aber auch mit Bäumen, mit Tieren, mit geistigen Verbündeten und Krafttieren, mit Engeln – und warum nicht auch mit einem Kunstwerk, einer Heilmethode, einer Landschaft, einem längst verstorbenen Vorfahren? Die Rauhnächte sind eine wundervolle Gelegenheit, sich auf die Suche nach unterstützenden Kräften zu machen, die uns dann im weiteren Leben tragen, beraten oder schlichtweg erfreuen. Und wir sie umgekehrt vielleicht auch, wer weiß das schon?

Auch wir Menschen sind alle miteinander verbunden – und wir alle wirken aufeinander ein. Jeder von uns bestimmt das Ganze mit. Die Spiritualität weiß um eine feine, letztlich unergründliche Verknüpfung des Wirkens Einzelner mit dem Weltgeschehen. Die Welt braucht dringend einen Wandel – den aber können wir nicht von ihr fordern oder verlangen. Wir sind die Welt. Oder wie es dieser bekannte Satz der Hopi sagt: »Wir sind die, auf die wir gewartet haben.« Es heißt zugleich auch, dass jede Veränderung, die wir außen sehen wollen, in unserem Inneren beginnen muss. In unserem Denken, Fühlen, Gestalten, Sein. Ist das nicht Ansporn? Denn wenn wir in irgendeiner uns wichtigen Sache eine Veränderung erreichen können, dann kann es doch sicherlich auch die Welt.

FÜNF DINGE, DIE HEUTE GUT WAREN

Wann geht es uns eigentlich gut? Klar, wenn alles ohne größere Hürden oder Probleme läuft, wir gesund sind, uns angenommen und geliebt fühlen und einen Sinn in allem sehen. Und dann gibt es da noch diese kleinen Momente der prickelnden Lebendigkeit – egal wie die Umstände gerade sind –, in denen wir ein leises oder überschwängliches Glücksgefühl verspüren. **Gab es sie heute für dich? Oder einen Augenblick des Berührtseins? Der Schönheit? Der Dankbarkeit?**

WAS IST DIR HEUTE WICHTIG?

Was ist dir heute wichtig, hier festgehalten zu werden? Vielleicht gab es eine besondere Begegnung – berührend, eindrücklich, erstaunlich, schön oder auch aufwühlend? Mit einem anderen Menschen, einem Tier, der Natur, dir selbst? **Hier ist der Raum, zu notieren, was dich momentan bewegt.**

SECHSTE RAUHNACHT
30. DEZEMBER

Entspricht dem kommenden

JUNI

IMPULSE AUS DEM MEDITATIONSBILD

Mittendrin in den Rauhnächten sind wir mittlerweile, tief in Dunkel und Ruhe, vielleicht auch in Muße und Genuss. Der heutige Tag entspricht dem Monat Juni, dem hellsten des Jahres. Was sagt dir das Bild dazu? Was assoziierst du mit ihm als Ganzem und in den Details? **Was flüstert es dir über dein Leben zu?**

Hoch hinauf ragen die Palmen, bewegt vom Wind und genährt von der Sonne. Kennst du das Gefühl, fest in der Erde verwurzelt und zugleich zum Himmel hin aufgerichtet zu sein?

....

In der Muschel ist eine Perle herangereift. Zuerst ein störendes Sandkorn, jetzt eine schillernde Kostbarkeit. Kannst du dich an Krisen erinnern, die dir am Ende Gutes brachten?

....

Zieht es deine Augen zu dem Hund, der ruhig und aufmerksam aufs Wasser schaut? Wohin geht dein Fokus – in deinem Leben, in deinen Träumen? Was fesselt deine Aufmerksamkeit?

....

TRADITIONEN UND BRÄUCHE

Sind die Rauhnächte immer nur beschaulich, ruhig und angenehm? Ganz sicher nicht. Es gibt etwas, wofür sie sogar gefürchtet werden: die Wilde Jagd. Doch auch damit gehen wir heute anders um als unsere Vorfahren.

Die Wilde Jagd

Wenn »zwischen den Jahren«, in dieser dunklen, kalten Zeit der Sturm ums Haus fegte, wusste man: Gott Wotan zieht mit seinem Gefolge aus wüsten Unholden und wilden Tieren durchs Land. Das Geisterheer, das da durch die Lüfte brauste, war auf der Suche nach verlorenen Seelen, die sich zu verstecken suchten. Also stöberte die Wilde Jagd durch alle Winkel der Dörfer und Städtchen und verbreitete dabei Angst und Schrecken.

Was aber heißt das für uns heute? Wir können da viel spekulieren. Doch es scheint ein wenig so zu sein, dass die rauhen Winde, das Sausen des Sturmes das schlechte Gewissen der Menschen aktiviert, die dann Angst bekommen. Das Rasen draußen erinnert sie an das, was in ihnen selbst noch nicht zur Ruhe gefunden hat. Vielleicht sind noch Rechnungen mit anderen Menschen offen, möglicherweise auch mit solchen, die schon verstorben sind. Vielleicht wurde in einer Beziehung etwas nicht gesagt, was für Klärung hätte sorgen können. Eine Wut wurde noch nicht besänftigt, die jemand spürt, weil eine Ungerechtigkeit nicht wiedergutgemacht oder eine Kränkung nicht zurückgenommen wurde.

So drängt uns die Wilde Jagd, mit allem Gewesenen in Frieden zu kommen und das zu klären, was wir – mit Lebenden wie mit Verstorbenen – noch nicht bereinigt haben. Letztlich geht es auch um den Respekt vor der Natur, vor den Naturgewalten, darum, sich den größeren Kräften bereitwillig zu unterwerfen und ebenso bescheiden wie stolz den eigenen Platz im großen Spiel des Lebens einzunehmen.

IMPULSE FÜR DIE SECHSTE RAUHNACHT UND DEN JUNI

Was war dein erster Impuls heute Morgen? Vielleicht eine Idee? Eine lange nicht mehr gespürte Empfindung? Eine Assoziation beim ersten Blick aus dem Fenster?

....

....

Hast du etwas geträumt? Nachts oder bei einer gemütlichen Mittagsruhe?

....

....

Hat sich dir ein Krafttier gezeigt? Aus dem Orakel oder in der Natur draußen? Welches Tier ist es und mit welcher Botschaft kam es zu dir?

....

....

DEIN KLEINES TÄGLICHES RITUAL

Heute wird dieses kleine Ritual möglicherweise etwas schwieriger – dabei aber umso lohnender, gerade an diesem Abend, wo sich das Jahr unwiderruflich dem Ende zuneigt.

Es beginnt wie in den Tagen zuvor: Du entzündest in aller Ruhe die Kerzen, heute zusätzlich die sechste im Kreis. Du spürst deine Liebe und deine Achtsamkeit bei diesem Tun und nimmst das Licht in dein Herz. Du lässt es von dort aus wachsen, bis es deinen ganzen Körper mit seinem angenehmen, heilsamen Licht erfüllt. Dann lässt du zu, dass es sich noch weiter ausdehnt und auch die Menschen in deinem Leben erreicht, die dir nahestehen.

Noch weiter lässt du das Licht nun wachsen – auch zu den Menschen hin, die dir etwas ferner sind und mit denen du bislang nicht so ganz warm werden konntest. Menschen vielleicht, mit denen du so deine Probleme hast, mit denen du im Streit liegst oder die du einfach nicht leiden kannst. Nachbarn, Verwandte, Kollegen – lass auch zu ihnen das Licht strömen, das in deinem Herzen seinen Ursprung hat.

Du musst gar nichts weiter tun. Schau einfach zu, wie sich das Licht zu diesen Menschen hin ausbreitet und auch sie zu strahlen und zu leuchten beginnen – manche sofort, einige vielleicht zögerlicher, andere heute gar nicht. Beobachte es nur und spüre nach, was es in dir an Empfindungen auslöst ... Was auch immer geschieht, nimm es so an, wie es ist, und beende das Ritual in deinem Tempo. Vielleicht willst du ihm heute noch etwas länger nachspüren.

ZWISCHENWELTENWISSEN

Wir Menschen stehen heute vor ganz neuen Fragen. Alles verändert sich – die Gesellschaft, das Arbeitsleben, die Familien- und Zusammenlebensstrukturen, das Klima … Kann das gut gehen? Wird das Miteinander, ja, wird überhaupt das Leben auf der Erde lebenswert bleiben?

So groß und existenziell sind die Fragen und viele von uns suchen mit ganzem Herzen nach positiven Antworten. Was dabei besonders wichtig sein dürfte: in einer hellen, zuversichtlichen Schwingung zu bleiben, konstruktiv, liebevoll, mitfühlend. Das erfordert richtiggehend Arbeit – Bewusstseinsarbeit, Meditation, Reflexion, tägliche Ausrichtung auf das, was zählt. Das ist entscheidend, weil es genau unsere Schwingung ist, die wir in die Welt hinausschicken, bewusst oder unbewusst.

Dass Schwingung wirkt, das weiß mittlerweile auch die moderne Naturwissenschaft. Und wir erleben es im Alltag. Ganz simpel gesagt: Gute Laune steckt ebenso an wie schlechte. Und aus der psychologischen Forschung ist bekannt, dass sich Glück wie ein Virus ausbreitet: Wer mit jemandem in direktem Kontakt steht, der glücklich ist, ist mit einer höheren Wahrscheinlichkeit ebenfalls glücklich. Sogar mit Kontakten »über zwei oder drei Ecken« stimmt das noch. Glück breitet sich also aus. Und ebenso tun es die Qualitäten, die wir heute als Menschheit dringender denn je brauchen: Achtsamkeit, Fürsorge, Mitgefühl, Verständnisbereitschaft, Liebe zum Leben in jeder Erscheinungsform.

Das Wirken der Felder

All diese Qualitäten bilden Felder, ebenso wie es Felder von Angst, Aggression und Destruktivität gibt. Womit sich das Phänomen der Felder vereinfacht, aber sehr gut erklären lässt, ist die Natur. Denn an jedem Ort und zu jeder Zeit, ob im Wald oder auf einem felsigen Berg, am Strand oder auf einer Wiese, morgens oder abends, im Frühling oder im Herbst: Immer spüren wir etwas anderes. Wenn wir uns darauf einlassen, erleben wir die jeweilige Atmosphäre, das »Dahinter« hinter dem, was sichtbar und greifbar ist.

30. Dezember – die Rauhnacht für den Juni

Der Biologe Rupert Sheldrake prägte den Begriff der morphischen Felder für solche nicht sichtbaren Energien, die den Hintergrund von allem Sichtbaren ausmachen. Sie formen die Ordnung aller natürlichen Systeme. Diese Felder sind also entscheidend an der Herausbildung aller Strukturen beteiligt, sie prägen die Entstehung von Zellen und Organismen, Pflanzen und Tieren, Biotopen und Landschaften. Das Spürbare, das Atmosphärische liegt unter dem, was sich greifen, benennen, messen lässt. Es ist im Sinne der morphischen Felder die Basis aller Erscheinungen.

Das gilt nicht nur in der Natur, sondern auch in der Gesellschaft. Ist das menschliche Miteinander von einer Schwingung der Angst oder der Gier geprägt, werden sich andere Strukturen entwickeln als in einer Gemeinschaft, die von Mitgefühl und Nächstenliebe getragen wird. Und genau hier setzt das an, was der Einzelne tun kann: die eigene Schwingung immer wieder auf die Qualitäten ausrichten, die er auch im Außen erleben möchte. Auf Liebe und Fürsorge, auf Hilfsbereitschaft und Achtsamkeit auch im Umgang mit Schwächeren und der Natur. Wir dürfen darauf vertrauen, dass wir in jedem Moment das Feld stärken, auf das wir uns ausrichten – das der Liebe oder das der Angst, das der Freude oder das der Schwere.

Es ist wie in der alten Geschichte, in der ein Großvater zu seinem oftmals jähzornigen Enkel sagt: »Weißt du, auch ich kenne diesen Zorn aus meiner Jugend. Es war, als würden zwei Tiger in meinem Herzen kämpfen: ein aggressiver und ein liebevoller.« Der Junge ist hellwach: »Das ist wie bei mir! Aber wie hast du es geschafft, dass der liebevolle Tiger gewonnen hat und du so ein gütiger Mann geworden bist?« – »Irgendwann begriff ich, dass es ganz einfach ist«, antwortete der Großvater. »Ich habe von da ab immer nur den sanften Tiger gefüttert.«

FÜNF DINGE, DIE HEUTE GUT WAREN

Wer regelmäßig notiert, was ihn glücklich macht, lernt viel über sich. Zum Beispiel, dass es nicht unbedingt die großen Würfe, die himmelhochjauchzende Verliebtheit oder die mehrmonatige Weltreise sein müssen, die das Leben gelingen lassen. Vielleicht sind es eher die vielen, vielen kleinen Herzensmomente, die sich zu einem Mosaik des guten Lebens zusammensetzen. Ein herzliches Lächeln, ein kleiner Vogel, der neugierig ganz nah kommt, die Antwort auf ein Gebet, die im Herzen spürbar wird – all das bildet das Feld des freudvollen Seins ... **Was waren heute die schönsten Mosaiksteinchen in deinem Gesamtbild des Gelingens?**

30. Dezember – die Rauhnacht für den Juni

WAS IST DIR HEUTE WICHTIG?

Das Jahr geht zu Ende. Wie geht es dir an seinem vorletzten Tag? Worauf schaust du zurück und wie zeigte es sich speziell heute noch einmal? Vielleicht gibt es Gedanken in dir, die du gern aufs Papier bringen willst. Dann sind sie heraus aus deinem Kopf und bist du frei für neue Ideen und Impulse. **Was bewegt sich in dir?**

SIEBTE RAUHNACHT
31. DEZEMBER
SILVESTER

Entspricht dem kommenden

JULI

IMPULSE AUS DEM MEDITATIONSBILD

Üppig und bunt kann der Juli sein – und auch der Silvesterabend kann voll von Sinnlichem sein, voller Gerüche und Geschmäcker, voller Musik und Farben. Was löst das Bild diesmal in dir aus? Wie spricht es zu dir? Was erweckt es in dir? Im Ganzen oder in den Details, zu denen es dich zieht – zu der Frau im weißen Kleid vielleicht oder dem weichen Gras des Waldes?

Vorn im Bild schlängeln sich farbige »Flammen« empor. Was bringt dich zum Sprühen, zum Leuchten, in einen lebendigen Tanz?

....

Zieht dich das feine Muster der Baumstämme in seinen Bann? Schwarz und weiß in immer neuen Mustern – wie zeigen sich die Gegensätze in deinem Leben?

....

Hat dich der Papagei angesprochen? In welchen Farben zeigst du dich am liebsten? Und wem sprichst du vielleicht nach – welchen inneren oder äußeren Stimmen?

....

TRADITIONEN UND BRÄUCHE

Das alte Jahr geht, das neue kommt. Heute geschieht dieser Wechsel. Eigentlich ist es nichts Besonderes, doch wir haben uns als Menschen darauf festgelegt, an diesem Tag mit einem Jahr Schluss zu machen und morgen neu mit dem Zählen zu beginnen. Das ist nicht nur in praktischer Hinsicht sinnvoll. Es gibt uns auch die Gelegenheit, reinen Tisch zu machen und frisch mit neuen Ideen und Vorhaben zu starten.

Der Jahreswechsel: Böse Geister vertreiben

Nicht alles wollen wir mitnehmen ins Neue. Das ging auch schon unseren Vorfahren so, die deswegen damit begannen, in der Silvesternacht böse Geister und unerwünschte Energien zu vertreiben. Diese konnten sie als Seelen wahrnehmen, die den Weg ins Jenseits noch nicht gefunden hatten und weiter auf der Erde herumgeisterten, oder als störende, vielleicht neidische oder missgünstige Naturwesen, die sich in die Menschenwelt verirrt hatten. Mit viel Lärm wurden sie dann vertrieben.

Wir heute würden eher sagen, dass wir bestimmte Ängste, Angewohnheiten und alte Muster nicht mehr bei uns haben wollen. Gerade um den Jahreswechsel herum werden uns diese psychischen Gespenster bewusst, die sich in unserem System eingenistet haben. Denn die Gelegenheit ist jetzt günstig, uns davon aktiv zu verabschieden – indem wir uns bessere Verhaltensweisen vornehmen und sie ab dem 1. Januar auch wirklich leben und Tag für Tag einüben. Aber auch indem wir räuchern, um das Alte loszuwerden und die Energie in unseren Lebensräumen aufzufrischen. Oder mit einem Silvesterfeuer, in dem wir das Alte sinnbildlich auf Papier gebannt verbrennen und somit der Transformation übergeben.

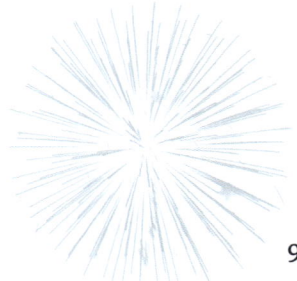

IMPULSE FÜR DIE SIEBTE RAUHNACHT UND DEN JULI

Was war dein erster Impuls heute Morgen? Vielleicht eine Idee? Eine lange nicht mehr gespürte Empfindung? Eine Assoziation beim ersten Blick aus dem Fenster?

....

....

Hast du etwas geträumt? Nachts oder bei einer gemütlichen Mittagsruhe?

....

....

Hat sich dir ein Krafttier gezeigt? Aus dem Orakel oder in der Natur draußen? Welches Tier ist es und mit welcher Botschaft kam es zu dir?

....

....

DEIN KLEINES TÄGLICHES RITUAL

Silvester, das ist eine Transformation: Wir überschreiten eine Schwelle, und in diesem Sinne könntest du das Ritual heute gestalten.

Du kommst dafür ein wenig zur Ruhe, verbindest dich mit Himmel und Erde und entzündest dann die siebte Kerze, also die erste in der Reihe von denen, die noch nie gebrannt haben. Mit dieser Kerze für die heutige Rauhnacht entzündest du dann die erste im Kreis – und erinnerst dich für einen Moment an die erste Rauhnacht. Dann machst du mit der siebten Kerze, die du weiterhin in der Hand hast, die zweite an – und gedenkst noch einmal der zweiten Rauhnacht. So gehst du von einer zur anderen bis zur sechsten. Die heutige, die siebte Kerze, das Licht von Silvester, steht für die Kraft der Wandlung. Stell dir vor, während du mit dieser Kraft im heutigen Ritual also eine Kerze nach der anderen entzündest, dass diese Tage hinter dir liegen. Das, wofür diese ersten sechs Kerzen stehen, hast du bereits durchlebt, es gehört zum Alten. Die heutige Kerze mit ihrer Kraft der Transformation verabschiedet es und zeigt zugleich das Kommende an. Heute wird alles Gewesene transformiert und um Mitternacht beginnt das Neue, das du bewusst einladen und begrüßen kannst. Spüre, wie du auf der Schwelle stehst, das Alte hinter dir, das Neue vor dir, ganz im Einklang mit diesem Wandel ... Beende das Ritual in deiner Zeit, indem du die Kerzen von der ersten bis zur siebten löschst.

ZWISCHENWELTENWISSEN

Schon mehrfach haben wir hier von Transformation gesprochen und überhaupt wird dieses Wort heute gern gebraucht. Doch was genau ist damit eigentlich gemeint? Je besser wir das wissen, umso klarer können wir uns auf einen solchen Prozess einlassen und ihn fruchtbar werden lassen.

Die Kraft der Transformation

Die Silvesternacht ist ein Zeitpunkt, an dem wir einen Wandel festmachen. Auf den Punkt genau um Mitternacht endet etwas Altes und etwas Neues beginnt. Eine Tür schließt sich, eine andere geht auf. Feierlich und besinnlich oder laut und ausgelassen, immer aber ganz bewusst nehmen wir diesen einen Moment wahr. Wir nutzen ihn, um uns selbst und unseren Lieben alles Gute zu wünschen. Wir erleben einen großen Augenblick: Ein neues Jahr beginnt, eine neue Runde auf dem Rad des Unendlichen, eine neue Chance für uns, die wir um unsere Endlichkeit wissen.

Letztlich ist das, was wir Silvester meist tun, rituell. Das Feiern, das Feuerwerk, das Wünschen, vielleicht das Bleigießen – wir vollziehen den Wandel aktiv und bewusst. Ähnlich tun wir das bei anderen Ritualen, einer Vermählung zum Beispiel oder auch einer Beerdigung. Zu einem ganz bestimmten Zeitpunkt transformiert sich ein Zustand in einen anderen – zwei Menschen werden zu einem Ehepaar; Freunde und Verwandte verabschieden sich von einem Verstorbenen, der nun zu einer anderen Sphäre gehört.

Im Laufe unseres Lebens machen wir sehr viele Wandlungen durch. Doch anders als bei den Ritualen geschehen sie meist nicht auf den Punkt genau, sondern über die Zeit hinweg. Irgendwann merken wir, dass eine Gewohnheit von uns abgefallen ist, dass wir lebenslustiger als früher sind oder dass sich erste Falten deutlich sichtbar zeigen. Es hat sich etwas verändert, ohne dass wir den genauen Tag für diesen Wandel angeben könnten. Die Transformation ist passiert, doch sie brauchte ihre Zeit – jeden Tag ging die Veränderung ein kleines Stückchen weiter vonstatten.

31. Dezember – die Rauhnacht für den Juli

Mit den Rauhnächten nun ist es ganz ähnlich: Zwölf Tage und Nächte kann sich der Wandel hier Zeit lassen. Er muss nicht auf den Punkt geschehen, er hat Zeit – Zeit zum Reifen, Zeit zur Entfaltung, Zeit für uns zum Nachspüren, zum Lenken, zum Bestärken der Richtung, die wir ersehnen. Das große Geschenk darin: Genau so können Veränderungen nachhaltig sein. Nicht über Nacht mal schnell wird alles neu, nein, wir haben die Zeit, tief einzutauchen in unsere Themen und in das, was neu werden will.

Genau darum geben wir in diesem Buch so viele Anregungen zum Reflektieren und Nachspüren, zum Aufschreiben des Wesentlichen und zum Innehalten. So kann sich – still und unbemerkt, doch zugleich kraftvoll und unaufhaltsam – der Wandel manifestieren, um den es uns wirklich geht. Es sind keine kleinen Schönheitspflästerchen, die wir auf unsere blinden Flecken kleben. Wir schauen wirklich hin und schwingen uns nach und nach, mehr und mehr, Tag für Tag auf das ein, wonach unser Herz uns ruft.

In diesem Sinne folgen die Rauhnächte einem bestimmten Muster, dem wir auch hier im Buch Rechnung getragen haben – recht unauffällig, aber doch wirksam: Die bisherigen Nächte nämlich standen im Zeichen des Abbauens, des Abschließens und Loslassens des Alten. Die heutige Nacht birgt mit dem Eintritt ins neue Jahr den Punkt der eigentlichen Transformation. Es ist der endgültige Abschied des Gewesenen, hinter dem sich um Mitternacht die Tür schließt. Wir sind frei für das Neue – und die weiteren Rauhnächte ab morgen dienen dem bewussten Aufbauen dessen, was da vor uns liegt. Wir stützen und stärken es, wir fokussieren uns darauf, wir spüren unsere Freude auf dieses Kommende. Denn wir haben es nach Kräften vorbereitet, haben sorgfältig den Boden bereitet und schauen ihm nun gelassen und doch mit klarem Blick entgegen. Unser Weg ist dabei leicht und spielerisch, denn auch so darf Transformation sein.

SILVESTER!

Silvester und Feuerwerk gehören zusammen. Für die meisten zumindest. Andere lassen es lieber sein – wegen des Schreckens für die Tiere, wegen des Feinstaubs oder des Geldes, das sich anderswo besser einsetzen lässt. Die Essenz dieses »Rituals« lässt sich tatsächlich auch anders erleben. Du könntest dir zum Beispiel etwas aus der Küche holen, was ordentlich Lärm macht, und damit unerbetene Geister vertreiben. Dazu können wie beschrieben auch die eigenen Ängste und alles, was du bei dir nicht mehr haben willst, gehören. Mit viel Getöse kannst du es – ausgelassen in Familie – vertreiben. Was man nicht ins neue Jahr mitnehmen möchte, kann man natürlich in Gedanken an eine Rakete hängen, aber man kann es auch auf Papier schreiben, daraus einen Papierflieger oder eine stilisierte Rakete basteln und es der Kraft des Feuers übergeben. Vielleicht möchtest du auch ein Schiffchen aus Papier oder ein kleines Holzfloß basteln. Dann setzt du ein Teelicht darauf (das funktioniert auch ohne Aluteil) und lässt es im Fluss mitschwimmen – in Gedanken gemeinsam mit dem, was du loslassen willst ... Es gibt viele Möglichkeiten, Altes dem Feuer, dem Wasser, der Erde oder der Luft zu übergeben. Wichtig ist, dass du es mit Würde und mit Achtung zurücklässt. Als ein Geschenk an die Elemente, die es transformieren werden.

EIN BRIEF AN DICH SELBST

Ein schönes Silvesterritual ist es, sich selbst einen Brief zu schreiben – und ihn ein Jahr später beim nächsten Silvester wieder zu lesen. Vielleicht gibt es auch mitten im Jahr Momente, wo du ihn lesen und so wieder ganz zu dir kommen willst. Erzähle dir selbst: Was empfindest du im Rückblick auf das Jahr, was erhoffst, erträumst, erahnst du dir vom neuen? Welche Wünsche gibst du dir selbst mit auf den Weg?

Liebe

FÜNF DINGE, DIE HEUTE GUT WAREN

Was macht das Jahr an seinem Ende noch so richtig wohlig rund? Was lässt dich heute lächeln? Vielleicht eine Begegnung? Eine Empfindung? Eine Idee? Ein Begreifen? Eine Erinnerung? Ein Ausblick auf Kommendes? **Was war heute gut?**

WAS IST DIR HEUTE WICHTIG?

Der Silvesterabend lädt wie kaum ein anderer dazu ein, zu reflektieren: Wo stehst du im Leben? Was wünschst du dir, wofür brennt dein Herz? Was ist deine Vision für dich, deine Lieben, dein Arbeiten und Wirken, für die Menschheit, für die Natur, für die gesamte Erde? Was lässt du mit dem heutigen Tag hinter dir? Und welche Tür möchtest du neu öffnen? **Hier ist Raum für das, was dich heute bewegt.**

ACHTE RAUHNACHT
1. JANUAR

Entspricht dem kommenden

AUGUST

IMPULSE AUS DEM MEDITATIONSBILD

Flirrender Hochsommer im August – während es in der heutigen Rauhnacht eher dunkel und kühl ist. Und doch erstarkt das Licht, denn das neue Jahr hat begonnen. Wie begrüßt es dich, wenn du das Meditationsbild betrachtest? Was sagt es dir, im Ganzen, aber auch in seinen Details wie vielleicht dem Marienkäfer ganz vorn?

Die Schaukel im Bild, lädt sie dich ein, dich hinaufzuschwingen wie ein unbeschwertes Kind? Wie leicht nimmst du dein Leben in seinen unterschiedlichen Bereichen?

....

Haben es dir die Ähren angetan, die golden im Wind wogen oder sich im Morgennebel verbergen? Was nährt dich? Welche Ernte möchtest du für dieses noch so junge Jahr vorbereiten?

....

Der farbenfrohe Schmetterling – wer könnte ihn übersehen? Was macht dein Leben bunt? Und was möchte sich für dich in diesem Jahr entpuppen und zur vollen Schönheit entfalten?

....

1. Januar – die Rauhnacht für den August

TRADITIONEN UND BRÄUCHE

Besser zuhören – das könnte für so manchen ein Neujahrsvorhaben sein. Und es kann weit darüber hinausgehen, in Gesprächen aufmerksamer sein zu wollen und das Gegenüber nicht zu unterbrechen. Es kann nämlich auch bedeuten, intensiv den leiseren Stimmen zu lauschen – denen im eigenen Inneren genauso wie denen in der Natur. Und: Es gibt kaum einen günstigeren Tag, damit zu beginnen, als heute.

Die Tiere sprechen hören

In der Neujahrsnacht – so erzählen es viele Märchen unterschiedlicher Völker – kann man die Tiere sprechen hören. Wer sich in dieser dunklen Zeit in Wald und Flur hinauswagt, der kann tatsächlich verstehen, wie sich Fuchs und Hase Gute Nacht sagen oder was die klugen Raben und die weisen Eulen zu berichten wissen.

Wäre das nicht wundervoll? Die Natur wirklich zu verstehen, davon träumen die Menschen wohl schon immer. Was aber heißt das eigentlich? Erwarten wir, dass Bäume und Rehe eines Tages mit menschlicher Stimme zu uns sprechen? Oder sind wir der Realisierung dieses Traumes dann am nächsten, wenn wir uns tief spürend auf die Sprache der Natur einlassen? Wenn wir uns ihr respektvoll nähern, leise, lauschend, im Herzen offen und dankbar? Wenn wir uns zu ahnen erlauben, was sie zu uns »spricht«?

IMPULSE FÜR DIE ACHTE RAUHNACHT UND DEN AUGUST

Was war dein erster Impuls heute Morgen? Vielleicht eine Idee? Eine lange nicht mehr gespürte Empfindung? Eine Assoziation beim ersten Blick aus dem Fenster?

....

....

Hast du etwas geträumt? Nachts oder bei einer gemütlichen Mittagsruhe?

....

....

Hat sich dir ein Krafttier gezeigt? Aus dem Orakel oder in der Natur draußen? Welches Tier ist es und mit welcher Botschaft kam es zu dir?

....

....

DEIN KLEINES TÄGLICHES RITUAL

An so besonderen Tagen wie diesem Neujahrstag kann auch das Ritual ganz besonders sein: besonders unauffällig, besonders leise, aber umso kraftvoller. Du entzündest wieder die Kerzen, diesmal bis zur achten. Und dann wirst du einfach still, blickst auf deinen mehr als halben Lichterkreis und lauschst. Kannst du die Schwingung, die Qualität, die Botschaften des neuen Jahres erspüren? Was bringt es mit sich? Was will es von dir? Was ist seine Stärke?

Ein Hinweis: Wenn du dieses Ritual mit Teelichtern machst, wird dir das Wachs der ersten möglicherweise schon zur Neige gehen. Ersetze leere Behälter dann einfach durch neue Lichter.

ZWISCHENWELTENWISSEN

Aus dem unvergleichlich schönen und starken Gedicht »Stufen« von Hermann Hesse kennt wohl jeder die Zeile »Und jedem Anfang wohnt ein Zauber inne«. Sie erweckt in uns das Empfinden für die Frische, die Zartheit, die Verheißung, die in allem liegt, was gerade erst beginnt – noch gar nicht greifbar, nur zu ahnen und auf belebende Weise zu spüren. Ebenso wie das beginnende Jahr am Neujahrstag.

Ist es nicht ein herrliches Gefühl, so ein Neubeginn? Kaum Verbrauchtes und so viel Potenzial! Ein beinahe unendlicher Raum der Möglichkeiten. Bei Hesse heißt es weiter: Es ist dieser Zauber im Anfang, »der uns beschützt und der uns hilft, zu leben«. Ja, wir brauchen Neuanfänge und ihren Zauber. Sie sind es, die uns beflügeln, die uns Zuversicht und Kraft schenken, die uns den Mut geben, an uns zu glauben. Und an eine echte Veränderung. Es gibt ja meist so vieles, was wir neu gestalten wollen. Immer wieder gilt es, eine nächste Stufe zu nehmen.

Die Kraft des Neubeginns

Am Neujahrsmorgen liegt das Jahr wie eine frisch verschneite Landschaft vor uns: weiß und unberührt, rein und klar. Keine Wege, keine Spuren sind zu sehen. Wir können unsere Schritte so setzen, wie wir wollen. Wir beschreiben das weiße Blatt des Lebens neu.

Doch was auch immer wir uns für das gerade angebrochene Jahr vorgenommen haben: Können wir uns wirklich vorstellen, dass tatsächlich Veränderungen zum Guten hin passieren? Sowohl in unserem persönlichen Leben als auch in der Welt? Dass wir das Steuer in eine andere Richtung drehen können? Ja, dass wir es überhaupt in der Hand halten?

Die Erfahrung zeigt: Wer den Mut hat, altes, etwas brackig gewordenes Fahrwasser zu verlassen, wird belohnt. Vielleicht kennst du das auch: Kaum ist ein Entschluss gefasst – und wirklich mit Herz und Verstand ernst gemeint – kommt Unterstützung. Unsere inneren Kräfte sind aktiviert, wir sprühen vor guten Einfällen, kommen intuitiv auf geniale Ideen und uns begegnen genau die Menschen und Dinge, die wir brauchen. Es gibt auch Gegenwind, aber wenn wir so richtig in Fahrt sind, zeigt der uns nur, dass wir auf dem besten Weg sind, tatsächlich etwas zu drehen.

Sind wir uns der Kraft des Neubeginns bewusst, wird so vieles möglich! Wenn wir uns dafür öffnen, kommen auch Antworten aus den geistigen Sphären. Vor allem, wenn unser Vorhaben wirklich positiv, lebensdienlich ist. Dann erreicht uns von dort die Inspiration – das lateinische Wort *inspiratio* bedeutet »Beseelung« oder auch »Einhauchen«. Und natürlich steckt auch *spirit* darin: »Atem«, »Seele«, »Geist«. Die Inspiration kann wie ein Geistesblitz in uns einfahren, ohne dass wir wissen, woher sie kommt.

Oder wir haben bereits Freundschaft mit geistigen Verbündeten schließen dürfen. Dann wenden wir uns an sie in Gestalt von Krafttieren, Engeln oder auch Ahnen, einer liebevollen Urgroßmutter oder einem verstorbenen Musiker oder Maler, den wir verehren. Sie als Energie um uns zu wissen, kann uns nicht nur stärken. Es kann uns Einfälle liefern, auf die wir selbst nie gekommen wären. Mit ihnen sind wir dann schon viel näher dran am großen Glücksempfinden, das sich einstellt, wenn sich unsere Vorhaben realisieren und uns etwas gelingt.

Ganz egal, ob es groß oder klein ist: Jede positive Veränderung ebnet den Weg für einen weiteren Wandel. Sie lässt das Vertrauen in uns wachsen, dass wir tatsächlich in der Lage sind, unserem Herzen zu folgen und das umzusetzen, was es uns zuflüstert – gerade am Neujahrsmorgen.

FÜNF DINGE, DIE HEUTE GUT WAREN

So viel Potenzial an diesem ersten Tag des Jahres. So viel Wachheit meist auch in uns: Wie fängt es an? **Was waren heute die schönsten, wertvollsten Momente für dich?**

1. Januar – die Rauhnacht für den August

WAS IST DIR HEUTE WICHTIG?

Ganz frisch liegt das Jahr vor dir. Voll vom Zauber des Anfangs. Was hat er in dir bewegt, dieser erste Tag des neuen Jahres? Was ist dir heute wichtig zu notieren?

NEUNTE RAUHNACHT
2. JANUAR

Entspricht dem kommenden

SEPTEMBER

IMPULSE AUS DEM MEDITATIONSBILD

Ob schon wieder der Alltag beginnt oder noch Ferien sind – wenn wir mit unserem Bewusstsein in der Rauhnächte-Stimmung bleiben, hört deren Zauber für uns nicht auf. Dann bleibt das Besondere erfahrbar – wie bei einer Wanderung hinauf in die Berge, in eine Welt jenseits des Gewohnten. Wie erlebst du das Bild dieser Rauhnacht? Was löst die Landschaft in dir aus, was die Details, wie der Ballon hoch oben oder das magisch gebrochene Sonnenlicht?

Erforschen deine Augen gern das Bergmassiv? Was in deinem Leben empfindest du als mächtig? Und was bedeutet es für dich, »über den Dingen« zu stehen?

....

Zieht es dich zu der kleinen Hütte am See? Was bedeutet Sicherheit für dich? Wie viel zählen ein gemütliches Heim, Schutz und Wärme? Wie geborgen fühlst du dich im Leben?

....

Hat dich das Edelweiß berührt, das es nur hoch oben in den Bergen gibt? Vielleicht führt es dich zum Kostbarsten in dir selbst, zu dem, was in dir zu höchster Blüte gelangen will.

....

TRADITIONEN UND BRÄUCHE

Einige der Rauhnacht-Bräuche eignen sich besonders gut, als eine innere Einstellung das ganze Jahr über wachgehalten und gelebt zu werden. Dieser hier gehört unbedingt dazu:

Großzügig schenken

Es ist in vielen Gegenden eine Tradition, in der dunkelsten Zeit besonders großzügig zu seinen Liebsten zu sein, zur Familie, zu Freunden, im bäuerlichen Leben auch zu den Tieren, die jetzt besonders gutes Futter bekamen. Auch Bettlern und Bedürftigen gab man während der Rauhnächte mehr. Wir setzen diese Bräuche fort, indem wir nicht nur unsere Lieben zu Weihnachten beschenken, sondern in dieser Zeit besonders reichlich spenden. Wir bedenken all jene, denen es nicht so gut geht wie uns selbst.

Schenken bezieht sich allerdings nicht nur auf materielle Güter. Es kann auch Zeit sein, die wir verschenken, ein offenes Ohr, Wärme und Herzlichkeit für ein Gegenüber. Schenken bedeutet dann, den anderen zu sehen und sich tatsächlich zu begegnen. Es kann heißen, den anderen wirklich wahrzunehmen und nicht während eines Gesprächs doch mit der halben Aufmerksamkeit beim Handy oder irgendwo in den eigenen Gedanken zu sein.

Schenken bereichert bekanntlich beide: den Schenkenden und den Beschenkten. So ist es auch bereichernd, wenn zwei Menschen sich in ihrer Begegnung wirklich in ihrer Einzigartigkeit wahrnehmen, in ihren Qualitäten und ihrem jeweiligen Sosein. Vielleicht kennst du dieses Staunen, dass du selbst bei Menschen, die du schon lange kennst und gut zu kennen glaubst, immer wieder neue Facetten entdecken kannst, wenn du dich auf sie einlässt. Sind das nicht auch Geschenke, die sie dir machen?

IMPULSE FÜR DIE NEUNTE RAUHNACHT UND DEN SEPTEMBER

Was war dein erster Impuls heute Morgen? Vielleicht eine Idee? Eine lange nicht mehr gespürte Empfindung? Eine Assoziation beim ersten Blick aus dem Fenster?

....

....

Hast du etwas geträumt? Nachts oder bei einer gemütlichen Mittagsruhe?

....

....

Hat sich dir ein Krafttier gezeigt? Aus dem Orakel oder in der Natur draußen? Welches Tier ist es und mit welcher Botschaft kam es zu dir?

....

....

DEIN KLEINES TÄGLICHES RITUAL

Vielleicht zieht es dich am Abend schon ganz von allein zu deinem Kerzenkreis, wo du innehalten, zu dir kommen und dich mit den Kräften des Lebens verbinden kannst. Heute entzündest du bereits neun Kerzen.

Nimm ihr Licht wieder in dein Herz und spüre dort sein wohliges, liebevolles, kraftvolles Leuchten. Dehne es dann so weit aus, dass es deinen ganzen Körper erfüllt und nach und nach darüber hinaus strahlt: bis zu den Menschen, die dir nahestehen. Lass es noch größer und weiter werden, bis es auch die Menschen berührt, die dir weniger nah sind. Lass zu, dass es sich noch weiter ausdehnt und schließlich auch alle Fremden einschließt. Lass dieses Licht so weit werden, dass es ausnahmslos alle Menschen erfasst, die deines Landes und des Kontinents und schließlich die gesamte Menschheit.

Denk auch an die Tiere und Pflanzen. Lass das Licht aus deinem Herzen auch zu ihnen hinströmen – in die Parks und in die Wälder, über die Wiesen, in die Berge und Täler, in die Seen, Flüsse und Meere. Bald ist der ganze Erdball erhellt von diesem Licht. Spüre, wie weich sich sein Leuchten über alles und jeden legt. Sieh, wie friedvoll alles strahlt.

Beende das Ritual, wenn du es dann möchtest, indem du die inneren Bilder allmählich verblassen lässt und die Kerzen löschst.

ZWISCHENWELTENWISSEN

Unser Leben heute ist auf vielen Ebenen gänzlich anders als das unserer Vorfahren und das in alten Kulturen. Das zeigt sich auch darin, dass wir uns weit von der Natur entfernt haben. Wir leben oft in wenig bewusster Berührung mit Bäumen, Pflanzen, der Erde, dem Wind, den Gewässern. Und allzu oft auch ohne wirkliches Erfahren unseres eigenen Körpers. Unser sogenanntes Informationszeitalter bringt uns stark »in den Kopf« – und dabei übersehen wir gern die Informationen, die uns unser Körper geben kann. Denn auch er »denkt mit«, speichert unsere Erfahrungen und erinnert sich an alles, was wir je erlebt haben.

Vielleicht gehörst auch du zu den Menschen, die sich nach mehr Nähe zur Natur – auch zur eigenen – sehnen. In jedem Moment können wir beginnen, uns ihr wieder zuzuwenden. Ganz einfach auch, indem wir den Körper sinnlich erfahren und uns ihm mit etwas Mußezeit zuwenden, ihn befragen, ihn erspüren. Wenn wir uns auf die Speicherkraft unserer Körperzellen einstimmen, können wir die Erfahrungen der Rauhnächte sogar intensivieren und noch fruchtbarer werden lassen.

Das Wissen in allen Körperzellen

Kennst du dieses Bild alter Menschen, die in ihrer warmen Stube sitzen und die Hände in den Schoß gelegt haben? Es ist ein starkes Bild der Ruhe – nichts muss mehr getan werden, und sie wollen sich auch nicht ablenken oder irgendwie beschäftigen. Sie sitzen einfach. Sie sind. Sie schenken dem Körper nach getaner Arbeit Ruhe. Und sie geben ihm die Möglichkeit, alles Gewesene in sich zu sortieren. Wer öfter einfach so sitzt – ob er es Meditation nennt oder nicht – der verankert diese Ruhe tief in sich und sie steht ihm dann auch mitten im aktiven Leben zur Verfügung.

Es geht sogar noch weiter: Nicht nur Ruhe können wir auf diese Weise in uns verstärken und verankern. Auch gute Empfindungen oder die Gefühle für Vorhaben, die uns wichtig sind, lassen sich im Körper speichern – und bei Bedarf später aktivieren.

Wenn du beispielsweise im kommenden Jahr etwas anders machen willst, wenn du dich, deine Alltagsstruktur oder deine Gewohnheiten verändern willst, kannst du die Auszeit der Rauhnächte dafür nutzen, das vorzubereiten. Mit all den spielerischen Ritualangeboten hier im Buch, mit den Listen und Reflexionen gehst du immer wieder an dein Thema heran – du umkreist es, fühlst dich ein, lässt es wirken, sammelst Ideen, arbeitest mit inneren und äußeren Bildern, spinnst Möglichkeiten ... Ab und an gibt es dann vielleicht diese Momente, in denen dir das Neue plötzlich klar und deutlich vor Augen steht, greifbar, fühlbar, ganz und gar real. Du spürst, wie es sein wird, wie du sein wirst, wenn es erreicht ist. Frei. Kraftvoll. Belebend. Einfach herrlich.

Genau jetzt ist es an der Zeit, den Körper einzubeziehen. Geh ganz in die angenehme Empfindung, spüre sie wirklich physisch. Fühle das Neue in dir. Nimm es mit aller dir möglichen Aufmerksamkeit wahr. Beginne dabei auch, den Körper zu bewegen, sanft und genüsslich vielleicht oder in wilder Freude. Rekel dich oder tanze. Berühre dich, komm in ein Wiegen, ein Schaukeln – was auch immer dir hilft, es noch intensiver zu empfinden.

Setz dir dann einen Anker für diese Empfindung, die dir intuitiv in den Sinn kommt. Finde eine Geste, die dich mit der momentanen Empfindung verbindet – vielleicht willst du dir über den Bauch reiben, dich selbst an den Schultern umarmen, in die Hände klatschen. Oder es entsteht ein Ton, eine Melodie, ein gesprochenes Wort. Verbinde diese körperliche Aktion bewusst mit der Empfindung – und verankere sie so in deinen Zellen. Tu das ruhig mehrmals, um es wirklich in dir zu speichern.

Wann immer du wieder an diese Empfindung anknüpfen, sie neu erleben und die Veränderung im Leben tatkräftig umsetzen willst, kannst du die Körperaktion nutzen. Erlebe sie neu – und rufe mit ihr das gespeicherte Wissen in dir wach.

FÜNF DINGE, DIE HEUTE GUT WAREN

Erst wenn wir sie bewusst ins Blickfeld nehmen, können die guten Dinge in uns tatsächlich wirken und unser Inneres heller und freundlicher machen. Unser Gehirn achtet nämlich lieber auf das, was schiefgeht oder schiefgehen könnte: eine uralte Vorsichtsmaßnahme. Da wir in unserem Alltag viel weniger realen Gefahren ausgesetzt sind als unsere Urahnen, lohnt es sich, unser Hirn ein wenig umzuprogrammieren, sodass es das Positive, Funktionierende, Erfreuliche auch bemerkt und würdigt. Umso schöner kann sich das Leben uns zeigen. Daher: **Was lief heute gut oder besser als erwartet?**

WAS IST DIR HEUTE WICHTIG?

Noch ist der normale Alltag nicht wieder eingekehrt. Noch ist diese Magie des Neuanfangs spürbar. Und diese Kraft, die Weichen neu zu justieren. Was ist es, was dich im neuen Jahr tragen soll? Spürst du es schon? Wie unterstützt du es? Wie zeigte es sich bereits am heutigen Tag?

ZEHNTE RAUHNACHT

3. JANUAR

Entspricht dem kommenden

OKTOBER

IMPULSE AUS DEM MEDITATIONSBILD

Goldener Herbst – die Stimmung eines schönen Oktobertages. Die heutige Rauhnacht lässt uns bereits einen Blick darauf erhaschen. Wie empfindest du das Bild? **Was sagt es dir und deiner Lebenssituation – im Ganzen und in seinen Einzelheiten?**

Leuchtend orange zeigt sich die Lampionblume. In ihrer Mitte verbirgt sich eine Beere. Welchen Schatz kannst du in deinem Innern finden?

....

Ziehen deine Augen mit den Zugvögeln am Himmel mit? Wohin zieht es dich? Wohin wendest du dich, wenn es kalt und unwirtlich ist? Wie sorgst du für dich, wenn es mal rau wird?

....

Das Boot auf dem stillen See – ein Bild der Ruhe für dich? Oder des Abenteuers? Würdest du es kraftvoll steuern oder dich treiben lassen? Und wie ist das bei deinem »Lebensschiff«?

....

TRADITIONEN UND BRÄUCHE

In der zweiten Hälfte der Rauhnächte geht es darum, Energien aufzubauen und Neues ins Leben zu locken. Das Räuchern ist dafür eine schöne Unterstützung – und es gehört ja auch ganz maßgeblich in diese Zeit »zwischen den Jahren«. Bereits bei der vierten Rauhnacht hatten wir darüber geschrieben, dort ging es um das Aufräumen und Reinigen. Das Räuchern diente dazu, sich von Altem zu lösen. Hier nun, in der zehnten Rauhnacht, wollen wir dich anregen, das Räuchern zu nutzen, um Neues einzuladen und die geistigen Verbündeten um ihren Segen für dich und deine Vorhaben zu bitten.

Räuchern, um Neues einzuladen

Womit wir räuchern, ist aus unserer Sicht gar nicht so entscheidend. Viele Bücher dazu beschreiben sehr genau, wofür sich welche Kräuter und Harze eignen. Das kann interessant sein und auch wirklich sinnvoll, wenn sehr viel geräuchert wird oder du ganz bestimmte Absichten damit verbindest. Für das Räuchern während der Rauhnächte eignen sich unterschiedliche Zutaten – und es kann genügen, wenn du *ein* Räucherwerk auswählst: weißen Salbei, Weihrauch oder Beifuß als Klassiker, zum Einladen des Neuen speziell die Kiefer oder vielleicht die Zeder für die Öffnung nach »oben«.

Worauf es entscheidend ankommt, ist, wie so oft, die innere Haltung und die konzentrierte Ausrichtung während des Räucherns. Tu es achtsam und halte dir dabei im Bewusstsein, wofür du es machst. Lade deine geistigen Verbündeten wie Krafttiere oder Lehrer dazu ein oder bitte allgemein um »höhere« Unterstützung. Bitte um den Segen des Geistigen für bestimmte Vorhaben oder für das neue Jahr und weihe den dir verbundenen Kräften den duftenden Rauch.

Schenke ihn auch den guten Geistern deiner Wohnung, deines Hauses, deines Arbeitsplatzes, während du mit deiner Räucherschale umhergehst. Bitte um Gelingen für Familie, Partnerschaft, Job und nicht zuletzt für die größere Gemeinschaft aller Wesen auf dieser Erde.

IMPULSE FÜR DIE ZEHNTE RAUHNACHT UND DEN OKTOBER

Was war dein erster Impuls heute Morgen? Vielleicht eine Idee? Eine lange nicht mehr gespürte Empfindung? Eine Assoziation beim ersten Blick aus dem Fenster?

....

....

Hast du etwas geträumt? Nachts oder bei einer gemütlichen Mittagsruhe?

....

....

Hat sich dir ein Krafttier gezeigt? Aus dem Orakel oder in der Natur draußen? Welches Tier ist es und mit welcher Botschaft kam es zu dir?

....

....

DEIN KLEINES TÄGLICHES RITUAL

Wieder sitzt du vor dem Kreis. Stell dir vor, dass die Kerzen, die momentan alle noch nicht brennen, die Erde symbolisieren. Diese zwölf Kerzen stehen für unseren blauen Planeten, du sitzt sozusagen der Erde gegenüber – und du bist nun diejenige, die die Erde mit dem Licht und der Kraft, mit der Liebe und der Freude beschenkt, die du während der letzten Tage in dir gesammelt und dir bewusst gemacht hast.

Du schenkst der Erde dein Licht, indem du nach und nach zehn Kerzen deines Kreises anzündest. Tu es intuitiv und spielerisch, mit dem Feuerzeug oder mit Streichhölzern oder mit beiden abwechselnd. Vielleicht alle zehn Kerzen nacheinander, vielleicht auch durcheinander, mal hier eine, dann die nächste dort – nur die elfte und zwölfte solltest du aussparen. Finde deine Weise, die dir Freude macht. Mit dieser Freude beschenkst du heute die Erde. Du schenkst ihr auf deine Weise dein ganz persönliches Licht. Und zugleich bringst du diesen Kreis vor dir, dieses Sinnbild für die Materie und die Erde in all ihrer Schönheit, zum Leuchten.

Nimm das Licht der zehn Kerzen anschließend bewusst wahr, nimm es in dich auf und spüre dem Ritual nach – in deiner innigen Verbundenheit mit der Erde, die dich und uns alle trägt und nährt.

ZWISCHENWELTENWISSEN

Die Lücke in der Zeit, dieser Raum »zwischen den Jahren« lässt sich hervorragend dafür nutzen, das herauszuspüren, was wir wirklich wollen, was unser Herz beflügelt und unserer Seele ein großes strahlendes Ja entlockt. Was ist das für dich?

Unsere Gaben und Talente

Wir alle kommen mit ganz unterschiedlichen Eigenschaften und Qualitäten auf die Welt. Jeder von uns bringt etwas mit, was er besonders gut kann. Jeder von uns will etwas ganz Eigenes zum großen Ganzen beitragen. Nur zu oft aber wird dieses Streben im Laufe des Lebens verschüttet – und schlimmstenfalls funktionieren wir dann nur noch. Wir richten uns im Alltag so leidlich ein. Angenehm vielleicht, aber erfüllend? Eher nicht.

Stell dir einmal vor, wie viel Potenzial zum Leben erwacht, wenn jeder von uns die Freude und Begeisterung nutzt, die ihm ins Leben mitgegeben wurde? Wenn jeder das tut, was ihm Freude macht, was ihn mit Leidenschaft erfüllt und was er so richtig gut kann, weil er genau dafür »gemacht« worden ist? Welche Erfüllung läge darin für jeden von uns und auch für uns alle gemeinsam?

Nicht jeder muss ja alles können. In der Schule werden wir oft gezwungen, Dinge zu lernen, die uns nicht interessieren und uns nicht liegen. Wie viel mehr Enthusiasmus können wir hingegen in dem entfalten, was wir gern tun und was unseren Stärken entspricht!

Bei jedem sind dies andere Qualitäten und so wird am Ende das gesamte Spektrum an dem abgedeckt, was wir als Gesellschaft brauchen. Die Gaben eines jeden Menschen sind so individuell – und wenn jeder seinen schönsten Ton einbringen darf, entsteht ein harmonischer Gesamtklang, eine ausgeglichene Symphonie, ein umfassendes Spektrum aller Lebensschwingungen.

Die Zeit der Rauhnächte kann eine Verschnaufpause sein, die zutage fördert, was deine Geschenke an die Welt sind. Eine kleine Phase der Ruhe und der Besinnung, der Muße und des Spiels, in der sich die Impulse zeigen, um die es dir wirklich geht. Alle Reflexionsangebote dieses Buches wollen dich genau dazu einladen, solchen Impulsen Raum zu geben und sie ins Bewusstsein zu heben. Dann können im neuen Jahr deine schönsten Kräfte im Leben wirksam werden.

Ist es nicht an der Zeit? Wir alle dürfen dem nachspüren, was unsere Seele beflügelt, und dem folgen, was ein Leuchten in unsere Augen zaubert. Darin lebt eine große und lebensdienliche Kraft – für den Einzelnen und für die Gemeinschaft.

FÜNF DINGE, DIE HEUTE GUT WAREN

Welches sind deine heutigen Momente der Freude, der Zärtlichkeit, der Begeisterung, möglicherweise sogar des Heiligen? Was war vielleicht auch da, was du einzig aus den Rauhnächten kennst? Was macht sie für dich so besonders?

....

....

....

....

....

....

....

....

....

....

3. Januar – die Rauhnacht für den Oktober

WAS IST DIR HEUTE WICHTIG?

Wenn du zurückschaust, wenn du die einzelnen Momente noch einmal durchgehst: Was hat diesen Tag ausgemacht? Was war für dich bedeutsam? Welche Begegnung, welche Aktion, welcher Moment des Nichtstuns? **Welche Ideen und Impulse wurden dir zuteil?**

ELFTE RAUHNACHT

4. JANUAR

Entspricht dem kommenden

NOVEMBER

IMPULSE AUS DEM MEDITATIONSBILD

Diese elfte Rauhnacht gehört zum November – und vielleicht entsprechen Wetter und Stimmung draußen wirklich diesem vorletzten Monat des Jahres. Zumindest auf dem Meditationsbild ist eine typische Novemberlandschaft zu sehen, die einlädt, das Mystische der Natur zu erspüren. **Wie empfindest du das Bild – im Ganzen und in seinen Details wie beispielsweise den Bäumen und Sträuchern?**

Im Nebelgrau ragen Felsen empor – mal klar zu erkennen, dann scheinbar verschwunden. Was kennst du aus deinem Erleben, was mal klar spürbar ist und dann wieder wie nie da gewesen?

....

Mitten am Himmel im weiten Grau ein regenbogenfarbiges Aufleuchten. Erinnerst du Momente, in denen dir so eine Erscheinung wie ein Zeichen vorkam – extra für dich?

....

Durch die nebelverhangene Landschaft wandert ein Mann. Wie verhältst du dich, wenn es beschwerlich wird und der Weg kaum noch erkennbar ist? Gehst du unbeirrt weiter?

....

TRADITIONEN UND BRÄUCHE

Auch wenn für viele von uns der Alltag schon wieder Einzug gehalten hat – noch sind wir in den Rauhnächten. Und noch sollen deshalb die Räder möglichst still stehen oder zumindest nur sehr ruhig laufen – so wie wir es bei der dritten Rauhnacht beschrieben haben. Diese alte Regel kann auch von einer alten Überlieferung herrühren.

Drei Nornen, die das Schicksal spinnen

Besonders aktiv soll sich nämlich während der Zeit zwischen den Jahren das Schicksalsrad drehen: als das Spinnrad der drei Nornen. Diese altgermanischen Schicksalsgöttinnen spinnen den Lebensfaden der Menschen. Die erste zupft und führt ihn, die zweite spinnt ihn und die dritte schneidet ihn am Ende ab. Während wir selbst nun besonders still werden, ruhig und lauschend, geben wir den Nornen umso mehr Raum, unser Schicksal auf gute, harmonische Weise fortzuspinnen. Jetzt ist die Zeit, in der sich die Dinge wenden können.

IMPULSE FÜR DIE ELFTE RAUHNACHT UND DEN NOVEMBER

Was war dein erster Impuls heute Morgen? Vielleicht eine Idee? Eine lange nicht mehr gespürte Empfindung? Eine Assoziation beim ersten Blick aus dem Fenster?

....

....

Hast du etwas geträumt? Nachts oder bei einer gemütlichen Mittagsruhe?

....

....

Hat sich dir ein Krafttier gezeigt? Aus dem Orakel oder in der Natur draußen? Welches Tier ist es und mit welcher Botschaft kam es zu dir?

....

....

DEIN KLEINES TÄGLICHES RITUAL

In dieser vorletzten Rauhnacht entzündest du elf Lichter in deinem Kerzenkreis. Dann sitzt du davor und betrachtest diesen Ring, der fast, aber eben noch nicht ganz geschlossen ist. Elf Kerzen brennen, ein einziger Platz bleibt dunkel.

Was du da vor dir siehst, ist unvollkommen. Du weißt, es gibt diesen eigentlich perfekten Kreis und doch ist er unvollständig, er hat eine Lücke. Wie so vieles im Leben zeigt auch er dir seine Unvollständigkeit, das Fehlen von etwas, das es »rund« machen würde.

Wie fühlst du dich damit? Was löst dieser beinahe vollständige Kreis in dir aus? Vielleicht braucht es ein wenig Zeit, doch dann kannst du dich an dieser Unvollkommenheit sicherlich sogar erfreuen. Sie hat ihre eigene Schönheit. Und du weißt, dass sich dieser Kreis auf seine ganz eigene Weise schließen wird – nicht heute, aber zu seiner Zeit. Und so kannst du mit dem Unvollkommenen deinen Frieden machen.

ZWISCHENWELTENWISSEN

Was ist es, was uns Kraft gibt? Für jeden von uns mag das etwas anderes sein. Die Familie vielleicht, eine erfüllende Aufgabe, eine große Liebe oder ein Garten, ein Lieblingsfleck in der Natur. Für uns alle gibt es zudem etwas Kraftspendendes, das oft vergessen wird, während man in der Psychologie und in der Hirnforschung immer klarer erkennt, wie wertvoll und tragend es sein kann. Die Rede ist von der Dankbarkeit.

Eine starke Kraft: Dankbarkeit

Für uns ist vieles selbstverständlich geworden und so denken wir oft gar nicht daran, uns für scheinbar Alltägliches, Schönes, Berührendes, Nährendes zu bedanken. Wir übersehen die kleinen Kostbarkeiten, die jederzeit rechts und links von unserem Weg liegen.

Schade ist das vor allem deshalb, weil wir uns damit selbst einer Quelle von Kraft und Lebensfreude berauben. Denn Danken, das ist nachgewiesen und selbst erlebbar, macht glücklich. Wenn wir für etwas danken und diesen Dank wirklich im Herzen empfinden, entstehen positive Gefühle. Wer viel dankt – laut ausgesprochen oder auch nur leise spürbar –, kann insgesamt glücklicher leben. Wer die Dankbarkeit pflegt, baut sich innerlich komplett auf das Positive, Dankenswerte und Lebenswerte um. Er wird dann auch im Alltag wach sein für all das, was da an Schönheit und Liebe erfahrbar ist: kleine freundliche Gesten zwischen Menschen, das Zwitschern der Vögel, köstliches Obst, funktionierende Technik, Mitstreiter in einer Herzensangelegenheit, funkelnde Sterne am Himmel …

Die Rauhnächte sind als Zeit des Schenkens wie geschaffen, auch den Dank wieder aktiv ins Leben zu rufen. Dankbarkeit ist eine große Kraft, sie kann unser Leben verändern. Durch eine tägliche Übung darin wird immer mehr in unser Leben strömen, wofür wir dankbar sein können. Es müssen nicht immer 21 Gründe sein, aber vielleicht fünf? Mach sie dir täglich bewusst und spüre den Dank in deinem Herzen.

4. Januar – die Rauhnacht für den November

21 GRÜNDE FÜR DANKBARKEIT

Dies ist eine unserer allerliebsten Übungen. Nimm dir die Zeit, 21 Dinge aufzuschreiben, für die du dankbar bist. Vielleicht gehören sie speziell in dein Rauhnächte-Erleben oder ganz allgemein zu deiner Lebenssituation. Ob es große Geschenke sind oder kleine Genüsse, die dir beinahe schon selbstverständlich geworden waren: Mach sie dir bewusst und empfinde die Dankbarkeit, die sie in dir auslösen. Es kann alles wandeln.

1. .... 12. ....

2. .... 13. ....

3. .... 14. ....

4. .... 15. ....

5. .... 16. ....

6. .... 17. ....

7. .... 18. ....

8. .... 19. ....

9. .... 20. ....

10. .... 21. ....

11. ....

FÜNF DINGE, DIE HEUTE GUT WAREN

Hast du schon einmal zurückgeblättert in diesem Büchlein und gelesen, was du ein paar Tage zuvor notiert hattest? Diese Positiv-Seiten laden in besonderer Weise dazu ein – und nicht nur während der Rauhnächte selbst. Vor allem schön ist: Du kannst dich leichter aus eventuellen Missstimmungen holen, wenn du in früheren »Fünf Dinge, die heute gut waren«-Listen liest. **Wie sieht deine heutige Sammlung von schönen Momenten aus? Was war heute gut? Was macht dich dankbar, offen, froh?**

....

....

....

....

....

....

....

....

....

4. Januar – die Rauhnacht für den November

WAS IST DIR HEUTE WICHTIG?

Wenn du zurückschaust, wenn du die einzelnen Momente noch einmal durchgehst: Was hat diesen Tag ausgemacht? Was war für dich bedeutsam? Welche Begegnung, welche Aktion, welcher Moment des Nichtstuns? **Welche Ideen und Impulse wurden dir zuteil?**

ZWÖLFTE RAUHNACHT

5. JANUAR

Entspricht dem kommenden

DEZEMBER

IMPULSE AUS DEM MEDITATIONSBILD

Allmählich gehen die Rauhnächte zu Ende. Heute können wir ihren Zauber noch einmal mit Leib und Seele genießen. Was gibt dir das heutige Bild dabei mit auf den Weg? **Was sagt es dir im Ganzen und was in seinen Details?**

Das Kind mit seiner Lampe ist ein Blickfang. Neugierig staunend betrachtet es die Welt. Was lässt dich staunen? Und wie steht es um deine Neugier, um deine Lust am Unbekannten?

....

Kristalle gelten auch als Hüter der Erde. Voller Weisheit ruhen sie in den Tiefen der Berge. Wovon spricht dieser Kristall zu dir? Was flüstert er dir zu?

....

Hinauf in den winterblauen Himmel ragt ein dick verschneiter Ast. Unter dem Weiß schlummern die Knospen und warten auf den Frühling. Was bereitet sich in dir vor für das Neue?

....

TRADITIONEN UND BRÄUCHE

Was wären die traditionellen Rauhnächte ohne sie? Die Perchten – jene gruselig maskierten Gestalten, die den Winter ebenso wie die bösen Geister vertreiben und damit Platz für das neue Jahr schaffen?

Perchten

Traditionell gibt es die Perchtenläufe vor allem im bayerisch-österreichischen Alpenraum und in Südtirol, wo sie sich aus heidnischen Riten entwickelt haben dürften. Wild maskiert, oft mit Tiergesichtern, dazu mit Kettenrasseln und lautem Getöse ziehen Männer durch die Orte und vertreiben das Dunkel. Ihr wüster Tanz steht dabei auch in Zusammenhang mit der Fruchtbarkeit der Felder im kommenden Jahr.

Auch Frau Holle zählt man manchmal zu den Perchten, wobei sie Faulheit und Unordnung bestraft, Fleiß und Güte hingegen reich belohnt.

IMPULSE FÜR DIE ZWÖLFTE RAUHNACHT UND DEN DEZEMBER

Was war dein erster Impuls heute Morgen? Vielleicht eine Idee? Eine lange nicht mehr gespürte Empfindung? Eine Assoziation beim ersten Blick aus dem Fenster?

....

....

Hast du etwas geträumt? Nachts oder bei einer gemütlichen Mittagsruhe?

....

....

Hat sich dir ein Krafttier gezeigt? Aus dem Orakel oder in der Natur draußen? Welches Tier ist es und mit welcher Botschaft kam es zu dir?

....

....

DEIN KLEINES TÄGLICHES RITUAL

Heute wird sich der Zwölferkreis vollenden. Vollziehe diese Stufe des Rituals besonders achtsam. Entzünde eine Kerze nach der anderen und verbinde dich dabei noch einmal mit der jeweiligen Rauhnacht. Von der ersten bis zur heutigen zwölften. Spüre dieser Zeit zwischen den Jahren nach und mach dir bewusst, welche ihrer Qualitäten du mit in die »normale« Zeit, in deinen Alltag des neuen Jahres nehmen möchtest. Die Kerzen, die dich seit zwölf Tagen und Nächten begleiten, können die idealen Anker dafür sein.

Nimm sie also mit in deinen Alltag. Du weißt, dass in jeder dieser Kerzen die gesamte Energie deiner Rauhnächte enthalten ist. Die ganze Kraft und die ganze Schönheit, die Meditation und die Anbindung an die geistige Welt – all das ist in ihnen gesammelt. Diese Lichter kannst du mit dorthin nehmen, wo du dich an diese Energie erinnert wissen möchtest: in deine Küche, dein Wohnzimmer, an deinen Arbeitsplatz.

Du kannst jede Kerze zu einem anderen Ort mitnehmen – oder du nutzt jede für einen Monat des kommenden Jahres. Ganz wie es für dich passt. Immer wenn du meditieren möchtest, wenn du kurz innehalten oder ein kleines Ritual machen, einen Wunsch äußern oder einfach nach innen lauschen möchtest, kannst du eine dieser Kerzen entzünden und dich darüber neu mit der kraftvollen Schwingung der Rauhnächte verbinden, mit ihrer Ruhe und ihrer Lebendigkeit.

ZWISCHENWELTENWISSEN

Wenn du den Angeboten in diesem Buch gefolgt bist, hast du dich in den letzten zwölf Tagen und Nächten ganz bewusst mit der Anderswelt verbunden. Du hast hineingeschnuppert in das Feld dort »auf der anderen Seite«, hast Verbündete gefunden und bei alledem mehr über dein persönliches Potenzial erfahren. Du hast dir Gedanken gemacht, hast assoziiert und verinnerlicht, dich inspirieren und berühren lassen. Und viele Ergebnisse deiner Reflexionen hast du in diesem Buch notiert. Was dabei – ganz leise und wie nebenbei – entstand, ist ein kostbarer individueller Begleiter für das gesamte Jahr, das nun allmählich beginnt.

Das Hin und Her zwischen den Welten

In den Rauhnächten, wenn die Schleier zwischen den Welten federleicht im Wind wehen und uns viele Blicke hinüber in die Anderswelt erlauben, entdecken wir, dass unsere Realität nicht die einzige ist. Für die Schamanen aller Zeiten und aller Orte existiert die Anderswelt ganz real. Sie wird im moderneren Sinne auch nichtalltägliche Wirklichkeit genannt. Als Vertreter der allerältesten religiös-spirituellen Praxis reisen Schamanen zwischen unserer und der anderen Welt hin und her. Sie holen Informationen, Botschaften und Heilenergien aus dem Geistigen und bereichern und heilen damit die Menschenwelt. Das ist ihre Aufgabe bis heute, ob sie es in einem traditionellen Setting oder in einer therapeutisch-zeitgemäßen Umgebung tun. Dieser Weg steht heute auch immer mehr Laien offen, die ihn für sich persönlich nutzen können.

Worum es letztlich dabei geht, ist, dass wir Menschen in einen veränderten Bewusstseinszustand gelangen, der uns einen Blick auf das erlaubt, was wir sonst nicht wahrnehmen können. Es hat eine andere Schwingung. So einfach könnte man es erklären. Wie aber kommen wir in einen solchen Zustand? Unsere Vorfahren haben dafür jede Menge Techniken gefunden und bereits über Jahrtausende erprobt. Es gelingt zum Beispiel durch Meditation, Atemübungen oder wir können mithilfe von Fantasiereisen Bilder und Geschichten zum Leben erwecken, die aus einer anderen Welt kommen. Solche Fantasiereisen haben wir zum Beispiel für jede Rauhnacht entwickelt und in einem Buch sowie auf CD herausgegeben (siehe letzte Seite).

Vor allem Musik und Tanz dienen seit alters her dazu, dass wir in einen leichten Trancezustand gehen und damit die Schleier zwischen den Welten lüften. In manchen schamanischen Traditionen und vor allem in der modernen schamanisch-therapeutischen Arbeit ist die Rahmentrommel mit ihrem warmen Klang das Reittier, auf dem die Reise in die Anderswelt erfolgt. Der monoton geschlagene Rhythmus hilft dabei, linke und rechte Gehirnhälfte auszugleichen – und genau das erleichtert uns den Blick nach »drüben«. Wir können das Alltagsbewusstsein verlassen und in den Bereich jenseits von Zeit und Raum hinübergehen, wo uns geistige Verbündete und allerlei heilsame Botschaften erwarten. (Einen sehr guten praktischen Einstieg hierzu bietet Veras Buch *Schamanische Bewusstseinsreisen*.)

Das intensive Erleben der Rauhnächte, verbunden mit meditativen Reflexionen und dem Kennenlernen der Krafttiere, kann eine sehr schöne Vorbereitung dafür sein, nun öfter zwischen den Welten zu wandern. Wann immer du dich während des Jahres zwischendurch hinsetzt, still wirst und dieses Buch neu zur Hand nimmst, gehen die Tore bereits einen Spalt auf. Wann immer du traurig bist oder erschöpft, wann immer du einen Rat wünschst oder Unterstützung, kannst du deine Notizen der dem Monat entsprechenden Rauhnacht vornehmen und dort nachlesen. Du kannst auch mit dem dort entdeckten oder orakelten Krafttier Kontakt aufnehmen und um Hilfe bitten. All das kann dich stärken und neu inspirieren. Vor allem aber kommt dir über das Buch, das du während der Rauhnächte intensiv belebt hast, die Energie dieser besonderen Zeit wieder entgegen. Der Zauber der Rauhnächte wird neu lebendig und wirkt in dein Leben hinein. Zu jeder Zeit kannst du dieser Magie folgen und hineintauchen in die Welt des Spürens, Fühlens und Wahrnehmens. Dieses Buch kann die Brücke sein, die deine Alltagswelt mit der »anderen Welt« verbindet. Gestärkt und inspiriert kehrst du nach solchen Ausflügen dann wieder in deinen Alltag zurück.

FÜNF DINGE, DIE HEUTE GUT WAREN

Vielleicht hast du dir während der zwölf Rauhnächte einiges angewöhnt, was du gern in der »normalen« Zeit beibehalten möchtest. Dieses Aufschreiben von fünf guten Dingen eignet sich hervorragend dafür. Vielleicht spürst du schon, wie viel es verändern kann. Wenn du es fortsetzen möchtest, besorg dir ein kleines Tagebuch. **Und auch heute frage dich: Was war an diesem Tag besonders gut?**

5. Januar – die Rauhnacht für den Dezember

WAS IST DIR HEUTE WICHTIG?

Die letzte Reflexion während der Rauhnächte. Vielleicht bist du etwas wehmütig, weil diese besondere Zeit zu Ende geht. Und auch dankbar für die Erfahrungen, die sie dir geschenkt hat. Sie alle kannst du mitnehmen in das neue Jahr. Es wird nach und nach seine Gaben für dich auspacken, und du entscheidest, wie du damit umgehen wirst. Deine Notizen hier im Buch können ein Schatz sein, den du genau dafür nutzt: Monat für Monat. **Ein letztes Mal: Was ist heute bedeutsam für dich?**

DER 6. JANUAR – UND DER START INS NEUE JAHR

Fenster auf! Luft herein, das Neue tief in die Lungen hineinatmen! Die Rauhnächte sind vorbei. Um Mitternacht zum 6. Januar schließen sich die Tore zur Anderswelt und der ganz normale Lauf der Zeit setzt wieder ein. Wir aber tragen den Zauber der zwölf heiligen Nächte noch eine Zeit lang in unseren Herzen und wissen: Das neue Jahr steht auf einer soliden Basis, die während der Zeit »zwischen den Jahren« leise und kraftvoll in uns wachsen durfte. Und so beginnt es auch gleich mit einem besonderen Tag und kostbaren Geschenken.

Gold, Myrrhe und Weihrauch

Es sind die Gaben der Heiligen Drei Könige aus dem Morgenland, die sie der Überlieferung nach dem Jesuskind brachten. Jeder kennt diese drei Könige, doch nicht jeder weiß, dass sie auch Magier waren, die mit ihren astrologischen Kenntnissen einem besonderen Stern gefolgt sind. Genauso magisch sind ihre Geschenke: kostbares Gold, heilmächtige Myrrhe, edler Weihrauch. Doch was schenken uns die Magier damit heute?

Mit ihren Gaben können wir uns neu öffnen für die Natur und die Erde, deren Schätze es sind. Wir können uns wieder fest verbunden fühlen mit allem, was ist. Gleich am Beginn des Jahres zeigen uns die Weisen aus dem Morgenland, dass wir nicht im grauen Alltag, im täglichen Einerlei verschwinden müssen – mit ihren Geschenken erinnern sie uns an Schönheit und Gesundheit, an die Sorge für unser körperliches und seelisches Wohl. Und nicht zuletzt an unsere eigene Besonderheit.

GOLD, MYRRHE, WEIHRAUCH – WAS BEDEUTEN SIE DIR?

Edel und wertvoll sind die Gaben der Könige aus dem Morgenland. Vielleicht wollen sie uns auch heute noch daran erinnern, das Besondere zu achten und die Schätze der Erde nicht als selbstverständlich hinzunehmen. Das Gold als das Glitzern der Schönheiten im Leben. Die Myrrhe als Symbol für die Heilkraft der Natur. Der aromatische Weihrauch als Verbindung in die geistigen Sphären. **Was bedeuten sie für dich?**

Das Gold berührt die Ebene von Geld und Beruf. Zu allen Zeiten war es wertvoll und hochgeschätzt. Was ist das Gold deines Lebens? Was achtest du besonders hoch?

....

Die Myrrhe berührt die Ebene des Körpers. Als altes Heilmittel hilft sie vor allem bei Wunden und Entzündungen. Was ist die Myrrhe, der heilkräftige Balsam deines Lebens?

....

Der Weihrauch berührt die Ebene der Seele. Sein aromatischer Duft reinigt Tempelräume und öffnet uns für das Göttliche. Was ist der Weihrauch, der heilige Duft deines Lebens?

....

ALLES LIEBE FÜR DICH!

Unsere gemeinsame Zeit geht nun zu Ende. Wir hoffen sehr, dass wir dich auf genau die Weise begleiten konnten, die deine Rauhnächte fruchtbar, schön und besonders machten. Wir hoffen, dass diese dunkle Zeit auch für dich zu einem Lichtblick geworden ist, der noch viele Wochen und Monate des neuen Jahres erhellen wird.

Stell dir die Freude vor, die du empfinden wirst, wenn du während des Jahres immer mal wieder in diesem Buch blätterst. All deine Notizen haben es zu einem Schatz für dich werden lassen. Sie spiegeln deine Wünsche und Träume, deine Herzensanliegen und Seelenrufe. Spüre ihre Lebendigkeit und ihre Kraft. Und staune, was sich daraus entwickeln wird.

Erinnere dich auf deinem Weg immer neu an all die Unterstützung aus dem Geistigen. Sie war immer da und sie wird immer da sein für dich. Denk an das Herz, mit dem uns das Feuer zur Wintersonnwende zu signalisieren schien: »Als Vertreter der Natur und der Elemente bin ich mit euch, mit den Herzen von euch Menschen. Schön, dass ihr mit mir seid.«

DIE AUTORINNEN

Vera Griebert-Schröder arbeitet seit über 30 Jahren als Heilpraktikerin, Therapeutin, Beraterin und Autorin. Ihr Wissen über den traditionellen Schamanismus und die humanistische Psychologie fließt in ihrer Arbeit harmonisch zusammen, um sie in unsere westliche Gedanken- und Gefühlswelt zu bringen. Mit ihrer Arbeit möchte sie einen Beitrag für ein erweitertes Bewusstsein leisten, für eine neue Kultur des lebendigen Miteinanders und der Verbundenheit mit einem größeren Ganzen. Dafür bietet sie Orte der Begegnung, Seminare und Trainings – auch online – an. www.innenwege.de

Franziska Muri ist seit über zwanzig Jahren als Lektorin in der Buchbranche und zunehmend als Autorin tätig. Außerdem ist sie Coach für The Work of Byron Katie und bringt auch dort ihr großes Interesse und ihre wachsende Erfahrung im Bereich Spiritualität und Heilung ein. Mit ihrem Buch *21 Gründe, das Alleinsein zu lieben* gelang ihr ein wegweisender Erfolg. Zuletzt erschien von ihr die spirituelle Geschichte *Leo und der Himmel auf Erden*. www.franziskamuri.de

Weitere gemeinsame Veröffentlichungen:
- *Vom Zauber der Rauhnächte*, Irisiana
- *Die Rauhnächte als Quelle der Ruhe und Kraft* (auch als CD), Irisiana
- *Deine Liebe zum Leben. Segensreiche Impulse für die Entfaltung der neuen Erde.*
- *Mein Begleiter durch die Jahreszeiten*, Irisiana
- *Die Rauhnächte-Orakelkarten*, Irisiana
- *Die magische Reise des Rauhnächte-Raben Trix*, Irisiana
- *Der Rauhnächte-Kalender*, Irisiana

DIE BILDKÜNSTLERIN

Christina von Puttkamer, Grafikerin, beschäftigt sich ihr Leben lang schon mit Spiritualität und Kunst, wichtigen Ankerpunkten ihres Daseins. Beide sind bei ihr im Grunde ein tiefes und beharrliches Lauschen auf die Natur, die das Innere wie das Äußere durchströmt. Ihre Bilder sind für sie ein Medium, dieses Erleben sichtbar zu machen.
www.innergardens.de

IMPRESSUM

Die Informationen in diesem Buch sind von Autorinnen und Verlag sorgfältig erwogen und geprüft, dennoch kann eine Garantie nicht übernommen werden. Eine Haftung der Autorinnen bzw. des Verlags und seiner Beauftragten für Personen-, Sach- und Vermögensschäden ist ausgeschlossen.

Alle Rechte vorbehalten. Vollständige oder auszugsweise Reproduktion, gleich welcher Form (Fotokopie, Mikrofilm, elektronische Datenverarbeitung oder andere Verfahren), Vervielfältigung und Weitergabe von Vervielfältigungen nur mit schriftlicher Genehmigung des Verlags.

Bildcredits: Alle Abbildungen © Christina von Puttkamer (CvP) unter Verwendung folgender Bildmotive: **Cover** Hauptmotiv shutterstock/Anest, Goldkristalle: fotolia/manhattantester; **Goldstruktur** auf allen Monatsbildern und auf den Kerzenbildern: pixabay/uki_71; **S.3** Vera Grieberт-Schröder; **S.6** Vogel: pixabay/jh146, goldene Landschaft (hinten) pixabay/Larisa_K, Winterlandschaft (vorne): pixabay/Schico1; **S.9** pixabay/dunc, Hintergründe: CvP; **S.12** Enten: pixabay/tpsdave, dunkle Kristalle: flickr.com/sharon mollerus, Hintergründe: CvP; **S. 18** Erde: pixabay/skeeze, Hintergründe: CvP; **S.24** Hintergrund: pixabay/peacedreamlady, Archiv CvP, Amsel: shutterstock.com/Jesus Giraldo Gutierrez, Reh: shutterstock /Eric Isselée, Maus: pixabay.com/Meditations, Bussard: fotolia/Sergey Ryzhko, Hirsch: shutterstock/Eric Isselée; **Seite 26 ff. Krafttiere** Eule: fotolia/Sergey Ryzhkov, Hintergrund: CvP; Fuchs: shutterstock/ Eric Issellée, Hintergrund: CvP; Schwan: pixabay/Ludmilla Smite, Hintergrund: CvP; Hirsch: shutterstock/Eric Isselée, Hintergrund: CvP; Bussard: fotolia/Sergey Ryzhko, Hintergrund: CvP; Reh: shutterstock/Eric Isselée, Hintergrund: CvP; Hase: shutterstock/Eric Isselée, Hintergrund: CvP; Maus: pixabay/Meditations, Hintergrund: CvP; Amsel: shutterstock.com/Jesus Giraldo Gutierrez, Hintergrund: CvP; Wildschwein: fotolia/byrdyak, Hintergrund: CvP; Rabe: shutterstock.com/Elena Kapitsa, Hintergrund: CvP; Eichhörnchen: shutterstock/Nelik, Hintergrund: CvP; **S.32**: Eisstruktur: pixabay/uki_71; Baum: flickr/strafefox; Kerze: pixabay/Kirahoffmann; Frau: CvP; Schneelandschaft Vordergrund: CvP; **S.37 und alle anderen Kerzenbilder** Kerzen: shutterstock/Vladimir Prusakov; **S.38** shutterstock/ Adam Gryko, CvP; **S.42** Tor: pixabay/loggawiggler, Bär: pixabay/bodsa, Bäume: flickr/loren-kerns, alles andere: CvP, **S.52** Landschaft: pixabay/werner und brigitte, Vogel: pixabay/publicdomainphotos; alles andere: CvP, **S.62** Baumbuddha: pixabay/bertomic, Vogelnest: pixabay/ariesa66, alles andere: CvP; **S.68** Räucherstäbchen: pixabay/danielam, Hintergrund: CvP; **S.72** Brücke: pixabay/Karl-Ferdinand, Stein: pixabay/mulkeet, alles andere: CvP; **S.79** Katze: fotolia/Oksana, Mann: fotolia/WavebreakMediaMicro, Hintergründe: CvP, **S.82** Palmen: pixabay/MustangJoe, Auster: pixabay/Moritz320, alles andere: CvP; **S.92** Federn: shutterstock/aodaodaodaod; Papagei: pixabay/carlswain; alles andere: CvP, **S. 100** Kerzen: fotolia/Romolo Tavani, Hintergrund: CvP; **S.104** Schmetterling: pixabay/KikiMiki, Schaukel: pixabay/susannp4, Käfer: pixabay/pollydot, Weizenfeld: pixabay/pexels; **S.107** Eule: pixabay/Wrupcich; **S.114** Fesselballon: pixabay/antranias, Hütte: pixabay/antranias, Edelweiß: pixabay/patsgams0, alles andere: CvP; **S.124** Lampionblume: pixabay/qimono, Boot: shutterstock/Chalermwood Soopasook, alles andere: CvP, **S.131** CvP; **S.134** CvP; **S.137** CvP; **S.144** Kristall: shutterstock/gontar, Kind: pixabay/jill111; **S.147** Perchtenmaske: fotolia/Manfred Herrmann; Hintergründe: CvP; **S.154** Truhe: shutterstock/Marilyn Barbone, Kamele: pixabay/unsplash, Hintergründe: CvP.

6. Auflage 2024
© 2017 by Irisiana Verlag, einem Unternehmen der Penguin Random House Verlagsgruppe GmbH, Neumarkter Straße 28, 81673 München
Layout, Satz, Umschlaggestaltung:
Christina von Puttkamer
Bildredaktion: Sabine Kestler
Projektleitung: Sven Beier
Druck und Bindung: Alföldi, Debrecen
Printed in Hungary

ISBN: 978-3-424-15333-0

Download der Krafttier-Orakelkarten
über www.irisiana.de/krafttierorakel

Penguin Random House Verlagsgruppe FSC® N001967

Mehr Bücher von Vera Griebert-Schröder und Franziska Muri

ISBN 978-3-424-15485-6

ISBN 978-3-424-15441-2

ISBN 978-3-424-15418-4

ISBN 978-3-424-15368-2

GTIN 4250939900223